大连理工大学管理论丛

“海归”之道：
中国青年学术海归的特征、动因和效应

孙玉涛　张艺蕾　张　帅　韩燕芳　著

本书由大连理工大学经济管理学院资助
国家自然科学基金优秀青年科学基金项目（批准号 71922005）
国家自然科学基金面上项目（批准号 71673035）

科 学 出 版 社
北　京

内 容 简 介

本书聚焦“青年海外高层次人才引进计划”入选者，全面认识中国青年高层次海归的学术特征、组织动因与科研效应，评估“青年海外高层次人才引进计划”的具体成效，为进一步吸引海外高层次人才提供政策建议。这是第一部系统研究我国青年海外高层次人才的学术专著，在中观组织（大学）层面定量研究了学术人员跨国迁移的特征、动因和效应。

本书适合大学和研究机构的科技管理领域的研究人员和研究生，以及人才人事部门的工作人员，政府相关部门的人才人事工作的政策制定者阅读。

图书在版编目（CIP）数据

“海归”之道：中国青年学术海归的特征、动因和效应 / 孙玉涛等著. —北京：科学出版社，2021.12

（大连理工大学管理论丛）

ISBN 978-7-03-070668-3

Ⅰ. ①海… Ⅱ. ①孙… Ⅲ. ①留学生-人才引进-研究-中国 Ⅳ. ①C964.2

中国版本图书馆 CIP 数据核字（2021）第 232629 号

责任编辑：王丹妮 / 责任校对：张亚丹

责任印制：张 伟 / 封面设计：无极书装

科学出版社 出版

北京东黄城根北街 16 号

邮政编码：100717

http://www.sciencep.com

北京中科印刷有限公司 印刷

科学出版社发行 各地新华书店经销

*

2021 年 12 月第 一 版 开本：720×1000 B5

2023 年 1 月第二次印刷 印张：10 1/2

字数：206 000

定价：108.00 元

（如有印装质量问题，我社负责调换）

丛书编委会

总　序

编写一批能够反映大连理工大学经济管理学科科学研究成果的专著，是近些年一直在推动的事情。这是因为大连理工大学作为国内最早开展现代管理教育的高校，早在 1980 年就在国内率先开展了引进西方现代管理教育的工作，被学界誉为“中国现代管理教育的摇篮，中国 MBA 教育的发祥地，中国管理案例教学法的先锋”。

大连理工大学管理教育不仅在人才培养方面取得了丰硕的成果，在科学研究方面同样也取得了令同行瞩目的成绩。在教育部第二轮学科评估中，大连理工大学的管理科学与工程一级学科获得全国第三名的成绩；在教育部第三轮学科评估中，大连理工大学的工商管理一级学科获得全国第八名的成绩；在教育部第四轮学科评估中，大连理工大学工商管理学科和管理科学与工程学科分别获得 A-的成绩，是中国国内拥有两个 A 级管理学科的 6 所商学院之一。

2020 年经济管理学院获得的科研经费已达到 4345 万元，2015 年至 2020 年期间获得的国家级重点重大项目达到 27 项，同时发表在国家自然科学基金委员会管理科学部认定核心期刊的论文达到 1 000 篇以上，国际 SCI、SSCI 论文发表超 800 篇。近年来，虽然学院的科研成果产出量在国内高校中处于领先地位，但是在学科领域内具有广泛性影响力的学术专著仍然不多。

在许多的管理学家看来，论文才是科学研究成果最直接、最有显示度的体现，而且论文时效性更强、含金量也更高，因此出现了不重视专著也不重视获奖的现象。无疑，论文是科学研究成果的重要载体，甚至是最主要的载体，但是，管理作为自然科学与社会科学的交叉成果，其成果载体存在的方式一定会呈现出多元化的特点，其自然科学部分更多地会以论文等成果形态出现，而社会科学部分则既可以以论文的形态呈现，也可以以专著、获奖、咨政建议等形态出现，并且同样会呈现出生机和活力。

2010 年，大连理工大学决定组建管理与经济学部，将原管理学院、经济系合并，重组后的管理与经济学部以学科群的方式组建下属单位，设立了管理科学与工程学院、工商管理学院、经济学院以及MBA/EMBA教育中心。2019年，大连理工大学管理与经济学部更名为大连理工大学经济管理学院。目前，学院拥有10个研究所、5个教育教学实验中心和9个行政办公室，建设有两个国家级工程研究中心和实验室，六个省部级工程研究中心和实验室，以及国内最大的管理案例共享平台。

经济管理学院秉承"笃行厚学"的理念，以"扎根实践培养卓越管理人才、凝练商学新知、推动社会进步"为使命，努力建设成扎根中国的世界一流商学院，并为中国的经济管理教育做出新的、更大的贡献。因此，全面体现学院研究成果的重要载体形式——专著的出版就变得更加必要和紧迫。本套论丛就是在这个背景下产生的。

本套论丛的出版主要考虑了以下几个因素：第一是先进性。要将经济管理学院教师的最新科学研究成果反映在专著中，目的是更好地传播教师最新的科学研究成果，为推进经济管理学科的学术繁荣做贡献。第二是广泛性。经济管理学院下设的 10 个研究所分布在与国际主流接轨的各个领域，所以专著的选题具有广泛性。第三是选题的自由探索性。我们认为，经济管理学科在中国得到了迅速的发展，各种具有中国情境的理论与现实问题众多，可以研究和解决的现实问题也非常多，在这个方面，重要的是发扬科学家进行自由探索的精神，自己寻找选题，自己开展科学研究并进而形成科学研究的成果，这样一种机制会使得广大教师遵循科学探索精神，撰写出一批对于推动中国经济社会发展起到积极促进作用的专著。第四是将其纳入学术成果考评之中。我们认为，既然学术专著是科研成果的展示，本身就具有很强的学术性，属于科学研究成果，那么就有必要将其纳入科学研究成果的考评之中，而这本身也必然会调动广大教师的积极性。

本套论丛的出版得到了科学出版社的大力支持和帮助。马跃社长作为论丛的负责人，在选题的确定和出版发行等方面给予了极大的支持，帮助经济管理学院解决出版过程中遇到的困难和问题。同时特别感谢经济管理学院的同行在论丛出版过程中表现出的极大热情，没有大家的支持，这套论丛的出版不可能如此顺利。

大连理工大学经济管理学院

2021年12月

前　言

本书最初的研究萌芽需要追溯到2008年。

2008年11月到2009年11月笔者受国家留学基金管理委员会“国家建设高水平大学公派研究生项目”资助，在美国宾夕法尼亚州立大学（The Pennsylvania State University，PSU）开展博士联合培养研究，亲身感受了中国的第三次“海归潮”。

2008年8月，美国房贷两大巨头——房利美和房地美股价暴跌，持有“两房”债券的金融机构大面积亏损，美国财政部和联邦储备系统（简称美联储）被迫接管“两房”；9月雷曼兄弟申请破产保护，成了美国史上最大的破产案例，158岁的雷曼兄弟倒下，国际金融危机爆发，席卷全球。

2008年11月，美国民主党总统候选人、伊利诺伊州参议员奥巴马当选美国第44任总统；12月6日，奥巴马通过民主党每周广播讲话提出“经济振兴计划”，应对因经济衰退就业岗位大量减少的情况，“昨天，我们接到了一个令人痛苦的消息，仅在11月美国就损失了53.3万个工作岗位，是30年来月失业率情况最为糟糕的一次，而经济进入衰退以来全国总失业人数增加至近200万人，这再次提醒我们国家所面临经济挑战的严重性”。2009年1月20日奥巴马就任总统，第一件事情就是处理金融危机；2月17日，总统签署了《美国恢复和再投资法案2009》（The American Recovery and Reinvestment Act of 2009）。“这是一项前所未有的努力，旨在推动我们的经济，创造或挽救数百万个就业机会，并为解决长期被忽视的挑战开启投资，以使国家能够在21世纪繁荣昌盛。”

美国发生的国际金融危机、大规模失业、挽救就业机会的努力似乎和海归中国没有关系，却实际促成了中国第三次“海归潮”。中华人民共和国成立以后，出现过两次留学生“海归潮”，分别发生在20世纪50年代初和20世纪90年代初，第一次是因为中华人民共和国成立，海外留学生回国参与国家建设；第二次是因为改革开放进入纵深领域，科教领域全面开放和振兴；2008年全球金融危机爆发之后，第三次“海归潮”便开始孕育和蓬勃发展，中国正在逐步从人才流失（brain drain）向人才回流（brain gain）和人才循环（brain circulation）转变。

第三次“海归潮”的孕育，必须要提到施一公和饶毅两位杰出的科学家。2007年9月底，美国西北大学讲席教授（chair professorship）饶毅全职回到北京大学，出任生命科学院院长一职。无独有偶，2008年2月，普林斯顿大学讲席教授施一公宣布全职回到清华大学，出任生命科学与医学研究院副院长。显然，两位讲席教授在美国的事业非常成功，并不是因为金融危机导致的职业或者工作危机而选择回国。在美国，讲席教授是位于正教授（full professorship）之上的一个职位，获此职位的学者都是在各自领域特别杰出且成就非凡的教授。为此，有人评价“这是继20世纪50年代钱学森、郭永怀教授等之后，在国际上成名后、壮年阶段全时回国的两位讲席教授”。

施一公和饶毅的回国并不是个案，同时期一批杰出科学家全职回国，助推了《中央人才工作协调小组关于实施海外高层次人才引进计划的意见》的制定和实施。2008年12月，“海外高层次人才引进计划”正式开始实施，由时任中国共产党中央委员会组织部（简称中央组织部）部长李源潮直接推动，是第一个由中央直接管理的项目。在全球金融危机的背景下，海归中国成为很多科研学术人员的重要选项，而不再是最后选项。施饶海归和“海外高层次人才引进计划”引起国际学术界和美国社会的广泛关注。

2009年1月《自然》（*Nature*）杂志文章《中国吸引海外顶级人才》（China targets top talent from overseas）关注了中国的“海外高层次人才引进计划”。文中提到加利福尼亚大学伯克利分校神经科学家、上海神经科学研究所所长蒲慕明的观点，“这个新的计划几年前可能不会有效，但是现在发达国家受到科研经费的压力，中国可以为研究人员提供类似的研究支持”。文中提出，该计划的目标是吸引在发达国家拥有正式教授头衔或与之相当的学者，同时向学者们提供100万元的安置经费，工资和研究经费由大学和研究机构负责。

2009年7月《科学》（*Science*）杂志文章“Help wanted：2000 leading lights to inject a spirit of innovation”关注了中国的“海外高层次人才引进计划”和海归人才，文中还详细地介绍了中国教育部的“长江学者奖励计划”和中国科学院的“百人计划”。文中提到，在美国达拉斯德克萨斯大学西南医学中心工作的霍华德·休斯医学研究所（The Howard Hughes Medical Institute，HHMI）①研究员王晓东不仅将连任北京生命科学研究所第二届所长，而且将关闭他在美国的实验室全职回国。从美国普林斯顿大学回国的结构生物学家施一公说，“计划有两个目标：提高国内的科研水平、改善国内的学术环境”。

① HHMI成立于1953年，是全球规模最大的非营利性私立生物和医学研究基金会之一。它设立了各种不同资助计划支持美国生物医学顶尖人才开展具有重要原始创新性的生物医学基础研究。

2010年1月美国《纽约时报》文章《对抗趋势，中国正在吸引科学家回家》（Fighting trend，China is luring scientists home）关注施一公和饶毅海归事件。文章开篇就提到，2008 年，美国霍华德·休斯医学研究所向普林斯顿大学分子生物学家施一公颁发了 1 000 万美元的科研资助，他的实验室占据大楼的一整层，并获得每年200万美元的研究经费。“我觉得我欠了中国一些东西”，42岁的施一公说，“在美国，所有东西都几乎已经建立了，但在中国，无论我做些什么，其影响都较在美国大十倍，甚至百倍”。文中还提到饶毅教授，当美国在北京的大使馆问他为什么要放弃美国国籍时，他写道，美国在“9·11”事件之后已经失去了道德领导力，美国人民仍然陶醉于这个国家和他们自己的伟大。

一切看起来都激情澎湃，一切看起来都令人憧憬。

实际上，《自然》、《科学》和《纽约时报》在报道施饶海归和“海外高层次人才引进计划”的同时，也通过引用一些专家学者的观点表达了担忧。《自然》的报道指出，顶级的薪水和资金吸引海外精英非常有必要，但他们国内同行的不满也不应被忽略；同时，一些人仍然怀疑海外教授是否会被吸引且能胜任，“对实际问题钱是很重要，但决定性因素是我们是否能够像在美国那样富有成效地在中国工作”。一些顶尖的研究人员可能会因为种种原因而推迟海归。

参与起草和修改项目提案的科学家告诉《科学》，“海外高层次人才引进计划”最早的方案要求入选者在国内全职工作，然而项目出台时，最低承诺被出乎意料地改为在国内工作至少 3 年、每年至少 6 个月。王晓东认为，大多数美国大学不会允许实验科学的终身首席研究员在业余时间工作更长时间，“海外高层次人才引进计划 6 个月的要求不可行，这将造成承诺冲突”，《纽约时报》引用了著名中国科技政策学者曹聪教授的观点，“这将是一场艰苦的战斗”“他们是优秀的科学家，但他们必须形成一个改革体制的关键群体。如果他们不能改革体制，他们就会离开”。

现在回头看十多年前的这些建议，具有很强的针对性和预见性。

与此同时，学者们也提出了一些非常好的建议。饶毅提出，应该为国内科学家建立一个与“海外高层次人才引进计划”匹配的人才计划，“海外高层次人才引进计划”候选人的遴选过程应该更加关注潜力，而不是过去的学术记录。北卡罗来纳大学格林斯博罗分校（University of North Carolina in Greensboro）的生物化学家 Wei Jia 指出，“一些助理教授或者副教授可能比正教授更有潜力”。

这些建议很快变成了新的人才引进计划。

2010 年 12 月，“青年海外高层次人才引进计划”正式启动，主要面向自然科学或工程技术领域、年龄不超过 40 周岁的年轻学者，要求必须全职回国工作。2012年8月，国家高层次人才特殊支持计划（简称国家特支计划，亦称国家“万人计划”）正式启动，遴选 1 万名左右自然科学、工程技术和哲学社会科学领域的杰出人才、领军人才和青年拔尖人才，给予特殊支持。

“青年海外高层次人才引进计划”入选者是本书关注的主要群体。“青年海外高层次人才引进计划”开始实施之后，年轻的海归学者获得了媒体的广泛关注。

2012 年 10 月到 2014 年 10 月，笔者受到欧盟第七框架计划玛丽·居里项目（7th Framework Programme Marie Curie Actions）资助，在英国诺丁汉大学开展合作研究，主要关注全球化和体制改革背景下中国科技创新的挑战。看到很多青年海外高层次人才的报道，笔者不禁产生了一些疑问。首先，海归的青年学者都是什么样的人，是媒体口中的“集美丽与智慧于一身”的精英；还是一些学者说的，海归的并不是同龄人中的佼佼者。其次，这些青年学者为什么要回国，是受到“海外高层次人才引进计划”政策的吸引，还是迫于海外缺少工作机会和较大的工作压力。最后，海归的青年学者是否提升了引进单位的科研业绩，对于什么样的引进单位效果更好。

基于这些疑问，笔者从 2013 年开始做前期的文献研究和入选者访谈，研究初期试图借鉴科学社会学的方法，像哈里特·朱克曼（Harriet Zuckerman）博士研究美国诺贝尔奖获得者、曹聪博士研究中国的院士那样，研究中国的青年海外高层次人才。从国内外媒体对施一公教授和饶毅教授的访谈来看，这些海归青年学者也会有非常精彩的故事，并且能够解答本人的上述疑问。如果进展顺利，本书可能是另外一番景象。

然而，事与愿违，前期的预约访谈并不顺利，很多青年海归不愿意接受访谈；同时，“青年海外高层次人才引进计划”入选者数量众多，也不可能像诺贝尔奖获得者、院士或者“海外高层次人才引进计划”入选者那样做大范围的访谈。为此，笔者改变了研究策略，以数量分析为主，辅助以少数访谈和案例研究。

回首本书从想法萌生到研究开展，再到整理成书，十多年的时间，中国科学技术经历了快速发展，当年的海归们在国内也经历了很大变化，现在每年还有很多刚刚获得博士学位的留学生和博士后海归。写作本书的目的就是希望能够为青年学者海归中国提供一面镜子，从宏观的视角审视“青年海外高层次人才引进计划”的历程。

本书是国家自然科学基金面上项目“基于‘人员-机构’匹配的学术人员跨国迁移网络研究：模型、结构与机制”（批准号 71673035）的主要成果之一，后期还受到国家自然科学基金优秀青年科学基金项目（批准号 71922005）的资助。我的研究生张帅、韩燕芳和张艺蕾依托本项目相继完成了他们的硕士学位论文，本书是在他们硕士学位论文基础上拓展而成的，三位同学也是本书的共同作者，他们毕业之后都找到了理想的工作，其中张艺蕾同学还协助完成了统稿工作。本书部分研究结果已经在国内国际学术会议上报告，且在《科学学研究》等国内国际学术期刊上发表。

本书的出版首先要感谢国家自然科学基金委员会的资助；其次，感谢大连理工大学经济管理学院出版基金的资助，感谢科学出版社李莉等编辑的辛勤劳动；最后，深深地感谢我太太和女儿的支持和理解。

目　　录

1 绪　论

1.1 研究背景和问题提出

人力资本是国家社会经济发展过程中最重要的资源，高质量的人力资本更是现代社会发展的骨干力量。

全球科技创新的竞争，归根结底是高质量人才的竞争。自20世纪60年代开始，高技能型人才从发展中国家流向发达国家，英国也出现了大量高技能人才和科学家流失到美国的现象。为此，人才流失的概念被广泛使用，学术人员跨国迁移现象[①]开始引起学者和政策制定者的关注（Cervantes and Guellec，2002；Baruffaldi and Landoni，2012）。

随着全球化日益深入，高层次人才的国际流动日益频繁。20世纪90年代，科学家和高技能人才迁移的经济影响又重新回到OECD（Organization for Economic Co-operation and Development，经济合作与发展组织）国家的议事日程（OECD，2002；Hunter et al.，2009）。OECD高技能人才跨国迁移研究报告重点强调了科学技术人力资源（如科学家、工程师和IT专家），以及跨国迁移对OECD国家和非OECD国家的影响（Maier et al.，2011）。很多发达国家重新认识到科学家等高技能人才的重要性，开始担心高层次人才大规模流失再次出现，并出台相关政策挽留和吸引科学精英。

随着全球化进程不断加快和知识经济的蓬勃发展，学术人员跨国迁移已经逐渐成为新兴国家深度参与科技全球化、全面实现科技追赶的重要途径（Coe and Bunnell，2003；The Royal Society，2011；郑永彪等，2013）。对新兴国家而

---

① 人才循环的研究一般关注两类群体：科技创业人员与学术人员，本书主要研究学术人员。本书中学术人员是指在科研机构（大学、研究机构或者企业）从事学术研究工作的人员，具体包括博士研究生、博士后及获得教学科研职位或者科研职位的人员。学术人员跨国迁移是指学术人员在两个不同国家之间的地理流动或者空间流动，这种流动通常会涉及学术人员所在学习或者工作单位的变更。

言，学术海归是优质人力资本和隐性知识的载体，吸引海外优秀人才回国发展是迅速提升国家经济实力、缩小与发达国家差距的有效途径之一（Kenney et al., 2013）。积极探索学术人员跨国迁移的理论和经验，对于新兴国家的科学技术创新发展具有重要的理论与现实意义。

目前，国外科技人才国际流动研究主要集中在"人才环流"论、"人才外流"论和"人才流入"论三个方面（朱军文和李奕赢，2016）。作为新兴国家，中国一方面面临科学技术和创新发展的高层次人才短缺，另一方面承受着规模居世界前列的高学历人才流失，因此，海外高层次学术人员全职回国工作成为学术界和管理层关注的重要议题。

随着中国经济的蓬勃发展，学术人员的工资收入水平已经显著提高，学术职业的发展空间日益拓展，政府出台的一系列吸引海外高层次人才的政策（特别是"海外高层次人才引进计划"项目）有效地促进了人才回流，已经逐步形成了人才循环（王辉耀和苗绿，2013；Zweig and Wang，2013），在一定程度上弥补了国内与海外学术市场收益的差异（孙玉涛和张帅，2017）。但是，高层次海外学术人员全职回国工作的情况仍然不容乐观[①]（Cao，2008；Zweig and Wang，2013），迫切需要加强相关理论与经验研究。

学术人员是知识的重要载体，学术人员跨国迁移不仅涉及劳动力迁移，还涉及跨国知识流动，是移民研究、人才循环和科技管理等领域重要的交叉研究议题。中国作为正在迅速崛起的科技大国，学术人员回流问题一直是学术界关注的焦点。本书重点关注学术人员跨国迁移特别是中国学术人员跨国迁移相关研究，评述学术人员跨国迁移的个人决策模型、人才循环理论和"中心-外围"结构，学术人员跨国迁移的"推-拉"动力机制，学术人员跨国迁移的知识和社会网络效应，以及学术人员跨国迁移的特征等；同时以"青年海外高层次人才引进计划"入选者作为主要研究对象，重点关注青年学术海归的特征、动因及效应，为学术人员跨国迁移理论研究和中国吸引高层次学术人员回国工作政策制定提供支撑和借鉴。

① 教育部留学服务中心发布了2012年《国（境）外学历学位认证报告》。报告显示，我国留学人员回流率总体呈上升趋势，但高层次人才回流率仍然不足。教育部留学服务中心副主任巩万表示，尽管归国留学人数与出国人数同时保持了较高的增长率，但与我国对高层次人才的需求相比，获得博士学位又有相应研究或工作经历的高层次人才的回流率还是远远不够。报告统计，2012 年，归国留学人员中，获硕士学位的申请者占总量的60.3%，获博士学位的申请者占 5.8%。根据美国国家科学院的"博士学位获得者调查"，2011 年，中国籍被调查者中仍有 82%仍然希望留在美国工作，2005 年，这一数据是 89.4%。资料来源：2012 年《国（境）外学历学位认证报告》发布高层次人才回流难[J]. 课堂内外（教研论坛），2013，（8）：15.

1.1.1　研究背景

中国的留学运动始于 1847 年，年仅 19 岁的容闳赴美留学，成为中国近代史上第一个留学生，7 年之后他成为中国近代史上第一位海归（不知道那时是否有"海归"这个词）（Wang，1966；Ye，2001）。中华人民共和国成立以后，经历了向苏联和东欧公派留学生及后来向欧美发达国家派遣的演变。实际上，中国的科学事业从来不缺乏高层次海归，23 位两弹一星"元勋"，有 14 位拥有国外博士学位（曹聪，2009）。2019 年，正值中华人民共和国成立 70 周年，中国与全球化智库（Center for China and Globalization，CCG）和中国国际人才专业委员会联合发布"中国海归70年70人"，其中包括钱学森、程开甲等一大批杰出的科学家和学者。

20 世纪 50~60 年代，我国向苏联等社会主义国家派遣留学生约 1.8 万人，其中 90%以上流向苏联。改革开放以来，我国出国留学生数量增长迅速。根据教育部《2018 年度我国出国留学人员情况统计》①，1978~2018 年，各类出国留学人员累计达 585.71 万人，留学目的地遍布欧美发达国家、"一带一路"沿线国家等。其中，153.39 万人正在国外进行相关阶段的学习和研究；432.32 万人已完成学业；365.14 万人在完成学业后选择回国发展，占已完成学业群体的 84.46%。2018 年我国出国留学人员总数为 66.21 万人，其中，国家公派 3.02 万人，单位公派 3.56 万人，自费留学 59.63 万人。2018 年各类留学回国人员总数为 51.94 万人，其中，国家公派 2.53 万人，单位公派 2.65 万人，自费留学 46.76 万人。实际上，84.46%的回国率并不能说明中国出国留学人员的海归情况比较乐观，高层次人才面临的挑战依然突出。

一方面，面对国际和国内环境的深刻变化，中国经济社会发展正在面临结构和动力转型，从靠人口红利向靠人才红利转变，从靠招商引资向靠招才引智转变，从靠投资驱动向靠智力拉动转变，从依靠资源发展向依靠知识发展转变，高层次人才作为稀缺资源的作用日益凸显（张瑾，2014）。习近平总书记在参加十二届全国人民代表大会第三次会议上海代表团审议时的讲话指出"创新驱动实质上是人才驱动"②。人才强、科技强，才能带动产业强、经济强、国家强，必须创新人才培养引进政策和激励机制，培养造就一大批具有国际水平的高层次人才。为此，随着国家向创新驱动发展转型，高层次人才的需求仍然旺盛且迫切。

另一方面，作为全球海外留学人数最多的国家，中国近年来高层次人才大量流失的问题仍然非常突出。当前，"以才引才、以才聚变"的裂变效应和人才集

① http://www.moe.gov.cn/jyb_xwfb/gzdt_gzdt/s5987/201903/t20190327_375704.html.

② 在参加十二届全国人大三次会议上海代表团审议时的讲话[N]. 人民日报，2014-03-06（01）.

聚效应逐步显现，吸引海外高层次人才已经成为创新驱动发展的重要战略。随着中国经济的迅速发展及高层次人才引进政策的实施，中国也逐渐形成了人才循环现象，并且青年学术人才在学术海归人才中占了很大比例。然而，现有研究表明中国高层次海外学术人才全职回国工作的情况仍然不容乐观，引进海归的数量并不能完全反映高质量，部分优秀学术人才并没有选择回国工作或者仍旧没有全职回国工作（Zweig and Wang，2013；Zeithammer and Kellogg，2013）。

高层次人才的旺盛需求与海外高层次归国人才供给不足之间的矛盾仍然突出。随着我国经济社会发展持续向好，高层次创业人才海归态势良好。高层次学术人才海归的情况不容乐观，甚至出现了像颜宁①和许晨阳②这样二次出海的情况，当然也有像王鸿飞③这样二次海归的情况。在这样的背景下，本书主要是以“青年海外高层次人才引进计划”入选者作为研究对象，探讨中国青年学术海归的特征、动因和效应。

1.1.2 人才引进计划

为了扭转“人才流失”的问题，自 20 世纪 80 年代改革开放以来，中国政府出台了一系列旨在吸引海外高层次人才的政策，其中包括教育部“长江学者奖励计划”、中国科学院的“百人计划”和国家自然科学基金委员会的“国家杰出青年科学基金项目”等（表 1.1）。

表 1.1 科学杂志报道的中国人才引进计划

项目	教育部		中国科学院		中央组织部
	长江学者奖励计划		杰出海外人才	海外著名学者	高层次人才计划
	特聘教授	讲座教授			
起始年份	1998	1999	1998	2001	2008
目标受众	45 岁以下国内或海归学者	副教授以上职称的海外学者	45 岁以下青年海归研究员	副教授以上职称的海外学者	55 岁以下海外终身教授或同等学历

① 颜宁，女，1977 年出生于山东章丘，结构生物学家，现任美国普林斯顿大学教授。2000 年获清华大学学士学位，2004 年在美国普林斯顿大学获博士学位。2007 年海归，任清华大学教授；2017 年接受美国普林斯顿大学邀请，受聘普林斯顿大学分子生物学系雪莉·蒂尔曼终身讲席教授的职位。

② 许晨阳，男，1981 年出生于重庆，数学家，现任麻省理工学院教授。2004 年获得北京大学硕士学位，2008 年在美国普林斯顿大学获得博士学位。2014 年获得国家杰出青年科学基金资助，并被评为北京大学长江特聘教授，海归；2018 年，全职进入麻省理工学院数学系任教。

③ 王鸿飞，男，1968 年出生，现任复旦大学化学系教授。1989 年获得中国科学技术大学硕士学位，1996 年获得美国哥伦比亚大学博士学位。1999 年第一次海归，任中国科学院化学研究所研究员，入选中国科学院“百人计划”，2005 年获得国家自然科学基金委员会杰出青年科学基金项目资助。2009 年 1 月开始担任美国能源部西北太平洋国家实验室（Pacific Northwest National Laboratory，PNNL）环境分子科学研究室（Environmental Molecular Sciences Laboratory，EMSL）首席科学家（chief scientist），2017 年 1 月第二次海归，担任复旦大学化学系教授。

续表

项目	教育部		中国科学院		中央组织部
	长江学者奖励计划		杰出海外人才	海外著名学者	高层次人才计划
	特聘教授	讲座教授			
承诺	全职	每年 2~3 个月	全职	每年 2~3 个月	每年至少 6 个月
成果	截至 2008 年共有 1 045 名入选者；90%有海外工作经验	截至 2008 年共有 511 名入选者	截至 2008 年共有 1 122 名入选者	截至 2008 年共有 283 名入选者	2008 年招募 96 名学者和 26 名企业家

资料来源：Xin H. Help wanted：2000 leading lights to inject a spirit of innovation. Science，2009，325（5940）：534-535

1994 年春节前夕，陈章良[①]建议借鉴美国用总统基金资助杰出青年科学家的做法，从总理基金中拿出一部分资金资助海外留学的青年学者回国效力。很快，他的建议得到响应。1994 年 3 月，李鹏总理在国家自然科学基金委员会呈递的报告上做出批示，批准划拨专款，设立“国家杰出青年科学基金”[②]。根据国家自然科学基金 2020 年项目指南[③]，国家杰出青年科学基金项目支持在基础研究方面已取得突出成绩的青年学者自主选择研究方向开展创新研究，促进青年科学技术人才的成长，吸引海外人才，培养造就一批进入世界科技前沿的优秀学术带头人。显然，目前的国家杰出青年科学基金项目已经不仅仅是资助海外留学的青年学者回国，或者说这方面的功能已经大幅度削弱，虽然大部分获得资助的科学家都有海外求学或者工作经验。

根据国家自然科学基金委员会的统计，截至 2014 年，国家杰出青年科学基金已支持 3 004 名青年学者，其中近两百人当选为两院院士，目前 60 岁以下的中国科学院院士中，有八成以上获得过国家杰出青年科学基金资助；2000~2013 年，由国家杰出青年科学基金主持或参与完成的国家自然科学奖 335 项，占全部获奖成果的 77%以上[④]。

1994 年，中国科学院开始实施“百人计划”，从国内外公开招聘优秀人才。“百人计划”是一项高目标、高标准和高强度支持的人才引进与培养计划，朱日祥、曹健林、卢柯等 14 人成为首批支持对象，“百人计划”为中国科学凝

① 陈章良，男，汉族，1961 年 2 月生，福建福清人，无党派，1982 年 7 月参加工作，美国华盛顿大学生物学系植物分子生物学及基因工程专业毕业，研究生学历，理学博士，教授。曾任北京大学副校长、中国农业大学校长等。

② 马晓岚. 当初，我盯上“总理基金”——陈章良细说国家杰出青年科学基金设立原委. http://www.nsfc.gov.cn/publish/portal0/tab440/info60005.htm，2004-06-15.

③ 国家自然科学基金 2020 年项目指南. http://www.nsfc.gov.cn/publish/portal0/xmzn/2020/08/.

④ 杨卫. 杰青基金 20 年打造基础研究梦之队. http://www.nsfc.gov.cn/publish/portal0/tab440/info56385.htm，2014-09-16.

聚了大批优秀人才，其中从海外引进的杰出青年人才上千位[①]。截至 2014 年，"百人计划"入选者中走出了28位中国科学院或中国工程院院士、524位"国家杰出青年科学基金"获得者，培养了一大批担任"973""863"等国家重大科技任务的首席科学家或负责人（赵振宇，2014）。

1998年8月，为落实科教兴国战略，延揽海内外中青年学界精英，培养造就高水平学科带头人，带动中国重点建设学科赶超或保持国际先进水平，在时任国务委员、教育部部长陈至立同志的主持下，教育部和李嘉诚基金会共同启动实施了"长江学者奖励计划"。"长江学者奖励计划"分为特聘教授和讲座教授，其中特聘教授必须全职到岗工作，讲座教授每年须在国内受聘高校工作 2 个月以上。两类岗位均对海外学者开放。截至 2014 年，全国高校共聘任长江学者 2 251 人，其中特聘教授 1 546 人、讲座教授 705 人，先后有 108 名长江学者当选中国科学院、中国工程院院士，14 人当选第三世界科学院院士[②]。

综上，根据相关部门总结和报道，"国家杰出青年科学基金"、中国科学院"百人计划"和"长江学者奖励计划"均取得了显著的成效，那为什么还要建立新的人才引进计划呢？实际上，前言已经把"海外高层次人才引进计划"的来龙去脉进行了详细的说明。应该看到，"海外高层次人才引进计划"并不是之前计划的替代，而是升级和补充。

第一，"海外高层次人才引进计划"是我国首个国家级人才计划。现有人才引进计划主要由国家自然科学基金委员会[③]、中国科学院和教育部等国务院组成部门或者直属事业单位负责管理。"海外高层次人才引进计划"由中央人才工作协调小组[④]制定和出台政策，中央组织部负责具体工作。中央组织部人才工作局设立海外高层次人才引进工作专项办公室，作为工作小组的日常办事机构，负责"海外高层次人才引进计划"的具体实施。

第二，"海外高层次人才引进计划"充分体现了党管人才原则。中央人才工作协调小组是贯彻落实党管人才原则的重要议事协调机构，中央组织部是中国共产党中央委员会主管人事、党建方面工作的综合职能部门，是党中央在党的组织工作方面的助手和参谋。中央人才工作协调小组和中央组织部负责该计划，充分

---

① 中国科学院. 百人计划简介. http://www.cas.cn/ggzy/rcpy/brjh/.

② 吴晶. 出人才、出成果、出机制——教育部实施"长江学者奖励计划"成效显著. http://www.moe.gov.cn/s78/A04/rss_left/moe_931/s8133/201406/t20140606_169992.html，2014-06-06.

③ 2018 年，根据《深化党和国家机构改革方案》，国家自然科学基金委员会由国务院直属事业单位改由科学技术部管理，依法管理国家自然科学基金，相对独立运行，负责资助计划、项目设置和评审、立项、监督等组织实施工作。

④ 中央人才工作协调小组成立于 2003 年 5 月，是贯彻落实党管人才原则的重要议事协调机构，主要负责全国人才工作和人才队伍建设的战略规划、政策研究、宏观指导和工作协调。

反映了党管人才原则。2002 年末全国组织工作会议上第一次提出了“党管人才”的概念。2012 年 9 月，中共中央办公厅印发《关于进一步加强党管人才工作的意见》，进一步明确了加强党管人才工作的领导体制、工作格局和运行机制等。

第三，“海外高层次人才引进计划”充分拓展了高层次人才的内涵。“海外高层次人才引进计划”之前的人才引进计划主要关注高校与科研机构的高层次科学研究人才，而“海外高层次人才引进计划”不仅关注科学研究人才，还关注创业人才。“海外高层次人才引进计划”在国家重点创新项目、学科、实验室，中央企业和国有商业金融机构，以高新技术产业开发区为主的各类园区等，重点支持一批能够突破关键技术、发展高新产业、带动新兴学科的战略科学家和领军人才创新创业。显然，“海外高层次人才引进计划”中的高层次人才已经不仅仅限于科学家，还包括金融家、技术专家、创业者、管理专家等。

随着“海外高层次人才引进计划”的实施，我国初步形成了多层次、多渠道、多形式、精细化、相互衔接的人才引进格局。随着国家层面“海外高层次人才引进计划”初见成效，我国各省区市也开始逐渐制订并实施相应的地方“海外高层次人才引进计划”。例如，2009 年天津市出台《天津市实施海外高层次人才引进计划的意见》（津党发〔2009〕7 号），启动天津“海外高层次人才引进计划”；2010 年上海市出台《上海市实施海外高层次人才引进计划的意见》（沪委办发〔2010〕28 号），启动上海“海外高层次人才引进计划”。天津市计划用 5~10 年的时间引进 1 000 名海外高层次人才，并提供相应资金支持政策：对海外高层次创新人才资助每人 100 万元、引进创业人才资助每人 300 万元。这些人才引进项目条件类似，给予创新创业人才高额的经费资助，为其配偶解决工作，承诺丰厚的经济收入等。

1.1.3 问题提出

“海外高层次人才引进计划”实施不久，在各方建议下，2010 年底，中央人才工作协调小组启动了“青年海外高层次人才引进计划”项目，主要面向青年海外高层次人才，试图引进一批优秀的青年海外高层次学术人才。本书主要面向青年海外高层次人才：一是，全职回国的青年海外高层次人才，相对于回国兼职的海外高层次人才或者其他人才项目入选者而言，更能够体现出海归的内涵，而不是仅仅一年兼职 2~3 个月；二是，青年海外高层次人才数据翔实，能够为实证研究提供支撑；三是，青年海外高层次人才更加年轻，具有更加广阔的发展潜力。

以人才流动理论、人力资本理论和社会资本理论等为基础，现有研究已经就海外高层次人才跨国流动展开了一系列研究，并使用定性或者定量的方法论述了海归人才跨国流动的动力机制及影响，其中针对“海外高层次人才引进计划”也已经开展了一些研究（详见第2章）。

应该看到，第一，各国对高层次人才的界定并不相同，也缺乏比较系统和能够兼容的统计数据，早期文献主要采用田野调查、个人访谈、小组讨论等定性研究。近年来，随着定量研究的兴起，履历分析、文献计量和问卷调查等方法在高层次人才跨国流动研究工作中得到广泛应用，但是当前研究仍然存在着实证研究相对缺乏、重外流轻回流、重个体特征轻社会联系、重现状轻影响等不足之处。第二，现有文献主要关注“海外高层次人才引进计划”政策及入选者自身，实际上，跨国迁移不仅取决于国家大环境和个人决策，还需要关注学术机构层面的关系，学术人员与学术机构匹配才是迁移成功的关键。第三，学术机构作为政策直接的执行者和受益者，引进海外高层次人才不仅是为了“帽子”和海归自身的发展，更希望通过引进海外高层次人才提升学科科研产出。

本书基于数据的可得性，以青年海外高层次人才为研究样本，综合使用履历分析、文献计量分析、社会网络分析等方法，开展中国青年学术海归跨国流动的特征、动力及影响的研究，试图回答以下三个方面的问题。

其一，什么样的学术人员选择海归？主要研究中国青年海外高层次人才的主要特征，特别是学术特征。学术能力和学术联系是否对中国青年学术人才海归决策具有显著的影响？真正在海外获得一定学术地位的青年学术人员是否愿意回国？学术人员的学术联系包括其所拥有的师生关系、同事关系等，那么在个体所拥有学术关系网络连接下，与国内老师、同事等连接个体或群体的密切交流是否会促进青年学术人才回国发展？影响中国青年学术人才海归的因素是否存在性别差异？

其二，学术人员海归的组织动因是什么？主要研究中国青年海外高层次人才跨国流动的组织层面动力机制。本书从理论上提出学术机构间的学术距离、学术机构的网络位置及学术机构间的科研合作对学术人员跨国迁移的作用机理，同时探究学术机构间地理距离、学术距离对学术机构间科研合作与学术人员跨国迁移之间关系的调节机制；然后以1~6批次信息科学领域“青年海外高层次人才引进计划”入选者迁移涉及学术机构作为样本，实证检验学术机构之间的学术距离、学术机构的网络位置、学术机构之间的科研合作与学术人员跨国迁移之间的关系，以及学术机构间地理距离、学术距离的调节作用。

其三，学术人员海归能够提升组织科研产出吗？主要研究中国青年海外高层次人才对高校科研产出的影响。引进青年海归是否提升了高校科研产出？对于不同学术水平的高校，政策效应是否存在差异？引进数量、引进水平不同对高校科研产出的影响有何不同？从组织层面丰富并拓展引进海外学术人才的效应研究，为我国人才引进政策实施提供理论支撑，对于制定人才引进政策和充分发挥海外学术人才的作用具有现实意义。

基于上述问题的研究结果，归纳总结我国在引进和用好青年学术海归工作中面临的挑战，为我国制定高层次人才国际化战略和政策提供依据。

1.2 研究目的与研究意义

1.2.1 研究目的

本书的主要目的就是要全面认识中国青年高层次海归的学术特征、组织动因与科研效应，评估"青年海外高层次人才引进计划"政策的具体成效，为进一步吸引海外高层次人才提供政策建议。

1.2.2 理论意义

国内外关于人才引进的探讨已经很多，但是在现有研究中定性分析居多，定量分析比较少，主要关注存在重外流轻回流、重个体特征轻社会联系、重现状轻影响等不足之处。现有研究虽然已经对影响海外高层次人才跨国迁移的因素进行了许多探讨，但大部分是从宏观国家层面及微观个人层面进行研究，对学术机构等组织层面的研究相对较少。高校是各项人才政策实施的主要阵地，是海外高层次人才回国的主要选择，但现有研究主要聚焦海外高层次人才的个人科研产出或者企业层面的技术溢出，较少涉及高校科研产出。

为了弥补现有研究的不足，本书以青年学术海归作为海外高层次人才的典型代表，以"青年海外高层次人才引进计划"入选者为研究对象，使用定性分析与定量分析相结合的方法深入探讨我国青年学术海归跨国迁移的学术特征和动力机制。此外，本书关注用人单位，以高校为研究对象，分析引进青年学术海归对高校科研产出的影响。

1.2.3 实践意义

国家之间的竞争实质上是人才的竞争，国家的强弱取决于人才的质量，高层次人才是衡量一个国家实力的重要标志。我国经济社会的快速发展、产业结构的转型升级迫切需要引进海外高层次人才，因此开展相关的研究具有重要的现实意义。

一是，近年来，虽然政府出台了大量的相关政策，启动了多项人才计划，但是相关政策、举措的实施效果仍不理想，中国高层次海外学术人才全职回国工作的情况仍然不容乐观，所引进的海归人才并非都是高质量学术人才，并且部分优秀的学术人才并没有选择回国工作或者仍旧没有全职回国工作，探讨影响海外高层次人才回国的因素具有重要的现实意义。二是，国内用人单位出于自身发展需要对海外高层次人才有着强烈的需求，但目前相关实践仍处于“摸着石头过河”的阶段，引进多少人才比较合适，引进什么层次的海外人才更有利于用人单位的发展等关键问题需要认真全面地思考。

基于上述分析，对用人单位来说，如何更好地引得进、用得好、留得住就成为一个迫切需要研究和解决的问题。本书以青年学术海归为研究样本，探讨影响青年学术海归跨国迁移的重要因素及青年学术海归引进强度对高校科研产出的影响，有针对性地提出相应的对策建议，为政府和高校在人才引进的实践方面发挥一定的指导作用，使其引得进、用得好、留得住高层次人才。

1.3 基本概念界定

1.3.1 人才的概念和特征

人才概念的提出离不开人力资源（human resources）。1954 年彼得·德鲁克（Peter F. Drucker）在《管理的实践》一书中提出了人力资源的概念。一般而言，人力资源是指在一个国家或地区中，处于劳动年龄、未到劳动年龄和超过劳动年龄但具有劳动能力的人口之和。实际上，企事业单位管理的人力资源主要是处于劳动年龄具有劳动能力的人口，具体而言，是能够创造价值、做出贡献、为组织所用的人员。人力资源作为一个中间概念，连接了人口资源与人才资源。人口资源的范围比人力资源大，是指一个国家或地区所拥有的人口的总量，即人口数量。人才资源的范围比人力资源小，是指一个国家或地区中具有较多科学知识、熟练劳动技能，在价值创造过程中起关键或重要作用的人力资源。人才资源是人力资源的一部分，即优质的人力资源。

关于人才的定义有很多种，现有文献已经进行了比较明确的界定和解释。廖泉文（2003）在其专著中对人才概念做出较明确的描述，他认为人才是一个国家或地区中有较强能力（包括管理能力、科研能力、专业技术能力与创新能力等）

的人的统称。王通讯（2001）对人才的定义则更为全面具体，认为人才是人群中比较精华、先进的部分，是指在一定的社会与经济条件下，能够用其创造性的劳动对社会的发展、人类的进步做出较大贡献的人。Rindoks（2010）则进一步将人才细分为“直接的生产性人才”、“学术型人才”与“社会和文化部门的人才”三类，把直接参与到商品和服务过程中的人才归结为“直接的生产性人才”，如工程师、企业家等；把在大学或者科研机构工作并且为科学界做出贡献的人归结为“学术型人才”，如科学家、学者等；而“社会和文化部门的人才”则主要为其他各领域内的人才，如医生、音乐家、画家等。

2010 年 6 月，中共中央、国务院印发的《国家中长期人才发展规划纲要（2010-2020 年）》指出“人才是指具有一定的专业知识或专门技能，进行创造性劳动并对社会作出贡献的人，是人力资源中能力和素质较高的劳动者”。在规划纲要的主要任务中，重点提到了创新型科技人才、党政人才、企业经营管理人才、专业技术人才、高技能人才、农村实用人才、社会工作人才等 7 类。《中国科技人力资源发展研究报告（2018）——科技人力资源的总量、结构与科研人员流动》对科技人力资源的测算遵循“资格”和“职业”两个维度，“资格”包括专科、本科及文史哲研究生层次科技人力资源；“职业”包括技师和高级技师等（中国科协调研宣传部和中国科协创新战略研究院，2020）。

根据现有文献和政府文件的界定，人才具有以下几个方面的显著特征。

第一，在某一个特定领域具有专业知识或拥有相应的专门技能。专业知识或者专门技能可以通过一些具体的方式呈现出来。例如，学历学位（本科、研究生、学士、硕士、博士等）、专业技术职称（讲师、副教授、教授、工程师、高级工程师等）、职业资格（注册会计师、律师、心理咨询师等）。

第二，能够进行创造性劳动。创造性劳动是与重复性劳动相对应的概念，类似于复杂性劳动和简单性劳动的概念区分，创造性劳动是复杂性劳动，主要是依赖人的脑力劳动创造出新技术、知识、思维等，进而高效提升劳动生产率、创造超值社会财富或成果的劳动。生产线上的装配工人就是典型的简单性劳动和重复性劳动，而技术人员就是典型的创造性劳动，需要解决生产中面临的不同技术问题，甚至需要革新生产技术和流程，提高生产效率。

第三，仅具备专业知识或者专门技能，以及创造性劳动还不能称为人才，“对社会做出贡献”是最后一个重要特征。专业知识或者专门技能表明具有能力，而这些能力需要通过创造性劳动发挥作用，并且这种创造性劳动是正向的，即对社会做出贡献。有一些具备能力且能进行创造性劳动的人，并没有从事劳动或者创造性劳动，对社会的贡献很小；还有一些具备能力且能进行创造性劳动的人，从事的劳动对社会产生负向贡献，如一些高智商犯罪分子。

综合而言，人才本身具有专业知识和专门技能、劳动具有创造性、对社会建设与进步具有贡献性。本书重点关注的对象是学术型人才或者学术人员，主要是指在学术机构（大学、研究机构）等从事学术研究工作的人员，具体包括博士研究生、博士后及已经获得教学科研职位或者科研职位的研究人员。

1.3.2 高层次人才的概念与特征

高层次人才居于整个人才体系结构的顶端，但是对于高层次人才的定义，目前学术界尚未给出明确的界定。

现有文献对于高层次人才进行了初步的探讨。Michaels 等（2001）认为高层次人才应该具备较强的学习能力和成长能力。Ulrich（2008）指出高层次人才是能力、承诺和贡献的结合体，即高层次人才拥有丰富的知识、熟练的技能，对组织忠诚度高并且能在自己的岗位上有所成就。潘晨光（2006）在《中国人才发展报告 No.3》中指出，高层次人才是指具有较强专业能力且能做出较大贡献的人才，一般是指院士、具有正高或副高职称的专业技术人才、博士后和高级经营管理人才等。李星云（2010）认为高层次人才是指在专业领域具有较深的造诣和较高的威望，能够在重要的岗位上承担重要的工作任务，从而对经济社会发展和科技发展发挥较大作用的人才，高层次人才具有“五高特征”：高智慧性、高创新性、高贡献性、高稀缺性和高动态性。刘洪德和王路璐（2010）从经济学角度进行研究，认为高层次人才是指那些在单位劳动时间内创造的价值远远高于一般人的人。Lynton 和 Beechler（2012）在关于人才战争的论述中指出高层次人才是天赋、能力、知识、智力、阅历等个体固有能力的综合体，他们总是试图寻找能够充分发挥自己才能的大平台。

“海外高层次人才引进计划”与“青年海外高层次人才引进计划”都是海外高层次人才引进计划，那么这两个计划的“高层次”体现在什么地方呢？2008年出台的《中央人才工作协调小组关于实施海外高层次人才引进计划的意见》指出，“海外高层次人才引进计划”要“围绕国家发展战略目标，重点引进一批能够突破关键技术、发展高新产业、带动新兴学科的战略科学家和科技领军人才”。显然，“战略”与“领军”已经充分体现了高层次。根据要求，“海外高层次人才引进计划”引进的人才，一般应在海外取得博士学位，并符合下列条件之一：在国外著名高校、科研院所担任相当于教授职务的专家学者；在国际知名企业和金融机构担任高级职务的专业技术人才和经营管理人才；拥有自主知识产权或掌握核心技术，具有海外自主创业经验，熟悉相关产业领域和国际规则的创业人才；国家急需紧缺的其他高层次创新创业人才。

根据《中共中央组织部关于印发〈青年海外高层次人才引进工作细则〉的通

知》（组通字〔2010〕63 号），“青年海外高层次人才引进计划”主要面向自然科学或工程技术领域、年龄不超过 40 周岁的年轻学者；申报时应在国内外知名高校取得博士学位，并有连续 3 年以上海外科研工作经历；申报时在海外知名高校、科研机构或知名企业研发机构有正式教学或科研职位；应为所从事科研领域同龄人中的拔尖人才，有成为该领域学术或技术带头人的发展潜力。显然，青年海外高层次人才与海外高层次人才相比并不能称为高层次，但是与同龄人相比，层次还是比较高的。

综上，本书认为高层次人才是指那些处于人才金字塔顶端，在某一学科或者专业领域具备较高水平的知识和技能，素质高、能力强、贡献大、影响广的专业型人才，具有高层次性、类别性、相对性、稀缺性和动态性等特征（蔡学军等，2003）。如果延续人才的特征，我们认为高层次人才具有三个主要特征，在同年龄层次和同专业领域中，具有高知识和技术、高创造性和高贡献。

1.3.3 学术海归的概念与特征

海归从字面上可以理解为海外归来的意思，但是并不是所有从海外归来的人都可以称为海归。目前，一般意义上海归更多的是指海外留学回国就业的人员，谐音为“海龟”。中国第一位海归无疑是近代改良主义者容闳先生（1828 年 11 月 17 日~1912 年 4 月 21 日），但是海归一词是否源于容闳先生，目前无从考证。20 世纪 90 年代末，在全球经济普遍不景气的情况下，中国经济一枝独秀，海外留学人员掀起了一股回国热潮，海归一词逐步开始在社会上流行（王辉耀，2007）。

2002 年，人民网总结“五年成就 100 词”中，对海归一词给予了合理的解释，认为海归是相对于在国内学习或者工作的本土人才而言的，具体指具有国外学习和工作经验的留学归国人员（吴晨阳，2008）。这实际上拓展了海归的范围，从在海外学习拓展为在海外学习和工作。自 20 世纪 90 年代末以来，海归人员由“一点一滴”渐渐演变成“涓涓细流”，2008 年之后发展到“海归潮”。从留学热到归国潮，海归已经从当年神秘、精英的代名词，变成了一个中性词。与此同时，社会上也出现了一些关于海归贬值的报道，存在海归变“海待”（谐音为“海带”）的尴尬与困惑。海外归国人员长时间不就业、难就业等问题凸显。

近几年来，海归一直是中国政治和经济中频繁出现的词语。段红真（2012）将“海归人才”定义为教育部认可的在海外正规大学留学，获得本科以上学历者或是在国内获得正规大学本科以上学历，且有三年以上工作经历的海外归国人员。罗思平和于永达（2012）对海归的定义较为宽松，认为相对于国内学习和工作的本土人才而言，海归是有海外学习或工作经历一年以上的学成归国人员的统称。刘青等（2013）将海归广义地定义为具有海外留学经历或者海外进修培训经历的归国人员。显然，学术界对于海归人才并没有一个统一规范的定义，这些界定存在很大的差异，按不同的界定进行统计会有很大差异。

本书的研究对象主要是青年学术海归，那么针对本书样本的特征对青年学术海归做一个初步界定，主要有以下几种情况：第一，在海外获得博士学位的学术人员；第二，在海外获得博士学位之后，在海外高校、研究机构或者企业具有一段时间任职经验的学术人员；第三，在中国获得博士学位，在海外开展博士后研究或者工作的学术人员。综上，本书所指的青年学术海归必须具有博士学位，且在海外具有学习和工作经历；在海外获得硕士学位及在国内获得本科或硕士学位在海外工作的人员并不在本书研究的范围之内。青年学术人才的迁移是指学术人才在两个不同国家或地区之间的地理流动或者空间流动，这种流动通常会涉及学术人才所在学习或者工作单位的变更。

根据对学术海归的定义以及目前对学术海归的研究，学术海归的特征大致可以归纳为以下几点：第一，具有先进的理念和宽广的国际化视野。学术海归人才基本都拥有较高的学历和较优越的教育背景，通过在海外不断地学习或工作，掌握了先进的知识和技能，具有宽阔的国际化视野。第二，具有较强的自我实现需求。一般来说，学术海归放弃了在海外较为优越的学术环境和生活条件，回国为实现更好的人生发展，以实现自身价值。第三，为中国学术领域建设做贡献。由于学术海归在海外拥有良好的教育并接受了专业的学习和知识技能培训，回国后为国内学术界带来了新知识和新方向，为中国学术领域的建设做出了重要贡献。

1.4 研究内容和方法

1.4.1 研究内容

本书首先界定人才、高层次人才及学术海归等基本概念，梳理学术海归的相关研究文献。针对现有研究的不足，本书构建了“特征—动因—效应”分析框架。本书的章节结构如下：第 1 章绪论，第 2 章基础理论和研究评述，第 3 章中国青年学术海归的基本特征，第 4 章青年学术海归的学术特征研究，第 5 章青年学术海归跨国迁移的组织动因，第 6 章青年学术海归跨国迁移的科研效应，第 7 章青年学术海归的政策建议与研究展望。具体研究内容如下。

第 1 章：绪论。首先，界定人才、高层次人才和学术海归的概念，在此基础上界定本书的研究对象；其次，梳理学术海归跨国流动相关研究，在文献积累的基础上说明现有研究存在的不足，并提取本书的研究问题及预期创新点；最后，在人才流动理论、人力资本理论和社会资本理论的基础上构建本书的研究框架，为后续工作提供理论基础和方法论指导。

第 2 章：基础理论和研究评述。该章主要阐述与海归相关的人才迁移理论、人力资本理论、社会资本理论等，分别从学术海归的主要特征、动力机制和科研效应方面评述学术海归的相关研究，从人才引进计划入选者的整体特征、回国动因、学术效应等方面评述人才引进计划相关研究，并提出现有研究的不足。

第 3 章：中国青年学术海归的基本特征。该章以 1~6 批“青年海外高层次人才引进计划”入选者为例，利用履历分析法和描述性统计方法从青年海外高层次人才的人口特征、入选学科和单位、博士学位及海外任职情况等方面进行统计分析，并通过访谈和数据分析进行田野调查，以期对中国青年学术海归的基本情况有整体的了解。

第 4 章：青年学术海归的学术特征研究。该章构建了学术人员跨国迁移的决策矩阵模型，运用生存分析法比较学术能力和学术联系两个主要变量对青年学术人才海归决策的影响，进而识别青年学术海归的学术特征，特别关注了青年学术海归中的性别因素。采用生存分析法中的 Kaplan-Meier 分析法，分析学术能力和学术联系对青年学术人才的生存函数；运用 Cox 回归模型来进一步确定学术能力和学术联系对青年学术人才海归决策的影响及影响程度的性别差异。

第 5 章：青年学术海归跨国迁移的组织动因。该章重点分析学术机构的学术距离、学术机构的网络位置及学术机构间的科研合作对学术人员跨国迁移的作用机制，并深入探讨学术机构间学术距离、地理距离对学术机构间科研合作与学术人员跨国迁移之间关系的调节机制。运用双边引力模型与二次指派程序（quadratic assignment procedure，QAP）模型回归分析方法，对学术机构间的学术距离、学术机构的网络位置、学术机构间的科研合作对学术人员跨国迁移的作用进行实证检验。

第 6 章：青年学术海归跨国迁移的科研效应。该章以 1~6 批化学学科青年海外高层次人才为研究样本，主要关注以下研究问题：引进青年学术海归是否有利于提升高校科研产出；对于不同学术水平的高校，政策效应是否存在差异；引进数量、引进水平不同对高校科研产出的影响有何不同。为回答上述研究问题，首先梳理学术海归跨国流动与绩效的相关研究，提出青年学术海归跨国流动对高校科研产出的研究假设，其次通过样本数据构建计量经济模型，测度青年学术海归跨国流动对高校科研产出的影响。

第 7 章：青年学术海归的政策建议及研究展望。该章从引得进、用得好和留得住三个方面提出青年学术海归的政策建议，从样本选择、指标选取、方案设计等方面提出研究局限及未来展望。

1.4.2 研究方法

本书以定量研究为主，主要采用了履历分析、文献计量分析、生存分析、社会网络分析、引力模型、QAP 和双重差分等方法。

1）履历分析

职业履历记录了科技人才的职业成长历程，通常包括教育、学术和职位变迁等信息。科技人才职业履历包含其他方法无法获取的独特信息，是研究科技人才职业成长、科研合作、流动模式等问题的重要数据来源（杨芳娟，2016）。本书根据职业履历，收集整理姓名、年龄、原就职单位、引进单位、引进批次等基本信息，形成完整的个人信息集，并对其进行深度编码，形成后续描述性统计和回归分析的基础数据。

2）文献计量分析

文献计量分析主要用于科学学的定量研究。借助科学计量学指标，运用数学方法定量研究科学活动的投入、过程和产出，评价某篇文章、某个研究者或某个研究领域的影响，是否被广泛应用于很多领域（Wang et al.，2013a）。本书利用文献计量分析方法，对青年海外高层次人才的学术论文进行计量分析。

3）生存分析

为弥补在数据删失上的缺陷，本书利用生存分析法比较分析学术能力和学术联系对青年学术人才海归的影响并测度其影响程度。首先采用生存分析法中的 Kaplan-Meier 分析法对影响青年学术人才海归决策的因素做初步估计；其次进一步采用生存分析法中的半参数比例风险模型，即 Cox 回归模型进一步确定学术能力和学术联系对青年学术人才海归决策是否具有显著影响及影响程度如何。

4）社会网络分析

本书主要运用社会网络分析方法及相关理论，探讨学术机构在学术人员跨国迁移网络中的网络位置与学术人员跨国迁移之间的作用机制。社会网络是作为节点的社会行动者及其间关系构成的集合。由于关系数据不满足常见变量的独立性假设，一般的统计分析方法不能用来研究关系数据，本书运用社会网络分析方法来分析关系数据，包括网络构建和网络拓扑特征分析等。本书基于学术人员在学术机构之间的迁移数据构建学术人员跨国迁移网络，研究学术机构在跨国迁移网络中的网络位置（包括迁出机构的出度中心度和迁入机构的入度中心度）与学术人员跨国迁移之间的关系。

5）引力模型

本书运用引力模型来探究学术机构之间的学术距离、学术机构的网络位置与学术人员跨国迁移之间的关系。Tinbergen（1962）和 Poyhonen（1963）在传统引力模型的基础上进行了拓展研究，提出了可以被普遍运用的引力模型。本书探究的是影响学术人员跨国迁移的因素，由于迁移活动的双边属性及迁移数据的二值特征，双边引力模型不仅能很好地模型化迁移活动，而且能够充分发挥数据的特点，具有很好的优势，并且引力模型在人口迁移领域已经进行了大量的研究。所以，本书选择运用引力模型来研究学术人员在学术机构间的跨国迁移流，进而揭示学术人员连接学术机构的关键机制。

6）QAP

数据分为属性数据与关系数据。以往研究主要运用普通最小二乘（ordinary least square，OLS）法对属性数据之间的关系进行检验。当变量是以矩阵形式存在的关系数据时，传统的 OLS 法无法检验数据之间的关系，需要运用可以解决关系数据间结构自相关问题的 QAP 回归分析方法来检验。QAP 回归分析方法是通过比较两个矩阵元素的相似性得出矩阵间相关系数的一种方法（吴慧和顾晓敏，2017）。QAP 相关系数的取值范围为−1~1，其中正数表示两个矩阵之间存在正相关关系，负数代表两个矩阵之间存在负相关关系，0 表示两个矩阵之间不存在任何相关性。本书通过 QAP 回归分析方法来探究学术机构之间的科研合作与学术人员跨国迁移之间的关系，以及学术机构间学术距离、地理距离对学术机构间科研合作与学术人员跨国迁移间关系的调节作用机制。

7）双重差分

双重差分是准实验研究方法，主要用来度量外生事件对实验组和对照组在一段时间产生影响的差异，并观察这种差异在实践前后的显著性情况，常被用来评估政策实施跨期效果。本书将引进化学学科青年海外高层次人才的高校视为处理组，未引进化学学科青年海外高层次人才的高校视为对照组，计算处理组和对照组在引进海外高层次人才前后同一个指标的变化量，然后计算变化量的差值，以此评价引进海外高层次人才对高校科研产出的净效应。

1.5 本书的主要学术贡献

本书针对现有研究的局限，以“青年海外高层次人才引进计划”入选者作为研究对象，以人才流动理论、人力资本理论和社会资本理论等为基础，重点探讨青年学术海归的学术特征、组织动因及科研效应。主要贡献包括以下三个方面。

第一，这是第一部系统研究“青年海外高层次人才引进计划”入选者的专著。从“海外高层次人才引进计划”实施到启动“青年海外高层次人才引进计划”，作为中国最高层次的海外人才引进计划，需要在学术层面有一个客观且全面的展现。目前“海外高层次人才引进计划”政策研究主要关注引进多少人、入选者的政策满意度、入选者自身的学术发展等问题，实际上政策制定者、执行者和社会公众更关心引进海外人才的质量以及海外引进人才对学科科研的支撑作用。本书围绕引进什么样的人、学术人才与学术机构如何匹配及学术机构引进人才的科研效应如何三个主要问题展开，突破了目前对于“海外高层次人才引进计划”政策研究的思路。

第二，本书拓展了目前学术人员跨国迁移的个人和国家层面研究，建立了以组织为中心的学术人员跨国迁移理论模式。在理论上，学术人员跨国迁移的个人决策模型、人才循环理论和双边引力模型主要从个人和国家层面解释学术人员跨国迁移现象。本书以人员-机构匹配为核心，建立个人跨国迁移决策矩阵模型，以及以人员-机构匹配为核心的学术人员跨国迁移的组织网络模型等，建立高层次人才引进政策实施的人员-机构互动机制理论，特别关注组织层面的动因及效应问题，丰富了目前学术人员跨国迁移的理论研究。

第三，本书拓展了目前学术人员跨国迁移研究以定性研究为主，数据统计分析为辅助的研究范式，引入了大量定量研究方法，丰富了现有研究的技术手段。目前关于学术人员跨国迁移及高层次人才研究以访谈等方式为主，以数据统计分析为辅。本书以履历分析方法为基础，选取“青年海外高层次人才引进计划”入选者信息，构建了学术人员跨国迁移数据平台，引入生存分析、社会网络分析、QAP 及双重差分等方法，考察引进什么样的人、学术人员与学术机构如何匹配及学术机构引进人才的科研效应等问题，在很大程度上拓展了现有研究的技术手段。

2　基础理论和研究评述

2.1　基 础 理 论

2.1.1　人才迁移理论

现代人才流动理论以人口迁移理论为基础，同时又结合了知识和技能等相关内涵。

人口流动理论主要围绕农村人口向城市转移等问题，从城乡差异角度探讨农村人口流出的原因，如劳动力供需空间差异、工资水平差异、基础设施建设差异等。现代人才流动理论主要是基于劳动经济学、社会关系学等学科的跨学科知识。

2.1.1.1　人口迁移“推-拉”理论

“推-拉”理论的起源可以追溯到 19 世纪。古典“推-拉”理论认为，迁入地与迁出地的工资差异是引起劳动力迁移的主要原因。Ravenstein（1885）是最早对人口迁移规律进行系统研究的学者，他引入“推力-拉力”概念，总结人口迁移的机制、结构和空间特征规律，提出人口迁移七大定律（表 2.1）。

表 2.1　Ravenstein 人口迁移规律

序号	定律名称	定律内涵	所属领域
1	经济定律	人们为了提高和改善生活质量进行迁移	迁移机制
2	城乡定律	乡村居民比城镇居民迁移可能性更大	迁移机制
3	性别定律	女性迁移以短距离为主，且相对于男性迁移倾向更强	迁移结构
4	年龄定律	各年龄段，人口迁移的倾向不同，青年是人口迁移主体	迁移结构
5	距离定律	移民的数量分布随着距迁入中心距离的增加而减少	空间特征
6	递进定律	中心城市吸纳乡镇人口所造成的空缺，将由乡镇周边更远地区的居民所填补，直到中心城市的吸引力波及最偏远的角落	空间特征
7	双向定律	人口双向迁移，每一股主流都伴随着相应的逆流	空间特征

20世纪50年代，Bogue（1952）首先提出了“推-拉”理论。“推-拉”理论认为，迁出地影响生存发展的不利因素就成为“推力”，而流入地有利于生存发展的因素就成为“拉力”，人口流动是推拉两股力量共同作用的结果，其合力的大小和方向决定了人口流动的规模和方向。Lee（1966）进一步对“推-拉”理论进行了完善，提出了影响人口迁移行为的四要素模型，具体包括与迁出地有关的因素、与迁入地有关的因素、各种中间障碍因素和个人因素。其中，与迁出地和迁入地有关的因素包括社会经济情况；中间障碍因素包括流出迁入地的距离远近、生活物价差异、语言文化差异等；个人因素则是指个人对于各种因素具有不同的价值判断，且与个人生命周期阶段相关。后续研究还引入了万有引力模型等方法将“推-拉”理论定量化。

经济学中新古典经济学的供给需求分析、劳动经济学的劳动力市场分析、发展经济学的农村-城市两部门模型等都是对人口迁移行为进行的分析，但是人口学中的推-拉模型仍然是人口迁移研究基本的分析模型。曹向昀（1995）系统比较了经济理论、人才生态理论、现代化体系、马克思主义理论，认为各学派都把工业化进程与迁移现象相联系，两者存在有机联系；经济发展的不平衡及分化的经济发展模式的空间分布造成各种形式的人口迁移；资本或者现代生产方式集中的城市和地区人口也会集中，并先人口净迁入；地区间差异的比较形成的推拉因素，仍然是形成迁移最重要的因素。

2.1.1.2 人才跨国迁移基本理论

海归说到底是人才跨国迁移现象，对于如何理解这种现象，现有研究已经开展了丰富的研究。通过梳理现有文献，孙玉涛和国容毓（2018）提出学术人员（人才）跨国迁移的基本理论包括个人决策模型、人才循环理论和中心-外围（core-periphery，CP）理论，见表 2.2。实际上，这几个方面的理论并没有超出 Ravenstein 的迁移机制和空间特征。

表 2.2 人才跨国迁移基本理论

理论视角	学者	相关成果	主要观点及贡献
跨国迁移个人决策模型	Stark 等（1997，1998）	三要素模型（机遇、激励和信息）	移民可能给母国带来更多人才
	Stark（2004）	三要素模型扩展模型	区分了人力资本最优水平与实际水平之间的差异
	Dustmann 等（2011）	移民决策解释模型	学术人员回流减少人才流失，促进母国的技术发展
跨国迁移人才循环理论	Ackers（2005）、Saxenian（2005）	人才循环理论	学术人员跨国迁移可能是暂时的、非单向的
	冯慰容和冼国明（2003）	人才资源跨国迁移的行为模型	人才资源流动在发达国家和发展中国家之间形成循环模式

续表

理论视角	学者	相关成果	主要观点及贡献
跨国迁移中心–外围理论	Maier等（2011）、陆根书和彭正霞（2011）、Beine等（2008）	人才跨国迁移中心（人才净流入国）–外围（人才净流出国）模型	学术人员的地理分布非常不均衡，只有少数国家是学术人员跨国迁移的纯受益者

资料来源：孙玉涛和国容毓（2018）

人才跨国迁移研究需要跨学科交叉，整合不同的视角、框架、理论和方法（King，2002）。以劳动经济学、经济地理学、人力资本理论和经济发展理论等为基础，跨国迁移理论的早期研究主要专注人才流出国劳动力市场的建模，后来逐步转移到人力资本积累的动力研究，并运用中心（人才净流入国）–外围（人才净流出国）模型解释跨国人才流动的均衡（Commander et al.，2004），近年来大量理论研究提出了一系列富有创造性的理论模型和观点（表2.2）。本书主要是借鉴孙玉涛和国容毓（2018）的研究。

（1）个人决策模型。个人决策模型认为人才跨国迁移行为是个人决策的结果，通过相关要素的调节可以改变学术人员的迁移决策行为。在信息不对称假设下，Stark等（1997，1998）构建了机遇、激励和信息三要素模型，研究认为人才流失实际上可以因祸得福，移民也可能给母国带来更多的人才；Stark（2004）的扩展模型进一步指出，发展中国家熟练劳动力移民概率与人力资本形成之间存在正向因果关系，模型的主要贡献是区分了人力资本最优水平与实际水平之间的差异。Dustmann等（2011）以动态Roy模型作为基本框架构建了一个解释移民决策的模型，在作为学习中心的国家，个人可以更有效率地学习技能；个人学习的技能如果可以运用到自己的母国，回到母国运用他们的技能可以获得较高回报，那么个人则倾向回到母国。王培根和牛敏（2002）指出流动净收益是国际人才流动的决定因素，高技术人才普遍具有年龄小与受教育程度高的优势条件，是国际劳动力流动中最富有流动性的一个群体。总体而言，学术人员跨国迁移在很大程度上由其流动净收益决定，或者说个人决策更多的是为了获得更高的净收益。

（2）人才循环理论。个人微观决策在很大程度上会呈现在国家宏观层面，人才跨国迁移一度成为很多人才流失国家关注的重要问题，人才流失理论也成为很多发展中国家政策制定和实施的重要理论依据。然而，Ackers（2005）和Saxenian（2005）等学者认为人才流失理论并不完善，在政策措施方面存在不足，他们建议使用人才循环理论。人才循环理论的主要观点认为，学术人员不同于其他迁移者，跨国迁移的根本动力是他们的职业，是为了获得更好的职业机会、交流思想和丰富知识；同时强调这些迁移可能是暂时的，通过一个更有效的跨国劳动力市场和跨国知识转移机制能够形成正向效应。冯慰容和冼国明

（2003）以托达罗的人口迁移模型为基础，构建了人才资源跨国迁移的行为模型，结果显示：人才资源跨国迁移不仅表现在发展中国家流向发达国家，发达国家之间也有流动，发达国家还有人才向发展中国家回流，逐步形成人才循环模式。

（3）中心–外围理论。虽然人才跨国迁移在国家之间形成了迁入与迁出的循环，但是学术人员跨国迁移在地理上仍然具有显著的中心–外围结构特征。Maier等（2011）的研究表明，明星科学家或者高被引科学家的地理空间分布非常不均衡，只有很少的国家具有吸引科学人才的能力，其中教育扮演了非常重要的角色，明星科学家主要集中在工业发达的国家，特别是美国。Beine 等（2008）基于 127 个国家的截面数据的研究表明，具有相对较低人力资本水平和移民率的国家能够从人才流失中获益，相反的国家则会有更多的人才流失，失去的比回流的多。陆根书和彭正霞（2011）对 2 636 名高被引学者的研究结果表明，有 784 人移民到别国工作；在高被引学者跨国流动的过程中，人才流失问题非常突出；只有 7 个国家是高被引科学家跨国流动的纯受益者，美国则是高被引学者迁入最多的国家。Krugman（1991）建立了中心–外围模型，他认为在区域产业发展不平衡的条件下，会产生人才流动和人才集聚现象。Forslid 和 Ottaviano（2003）进一步提出企业家的中心–外围模型，通过假定高级人力资本可跨国自由流动，低级人力资本受到限制，发现国家间贸易水平差异会影响人才跨国流动。

2.1.2 人力资本理论

人才或者学术人员跨国迁移与一般人口最大的不同在于，除了经济生活需求之外还涉及人力资本的形成和价值实现。新兴国家人才流失是因为缺乏高质量的高等教育和人力资本形成机制，而人才会流失为高质量人力资本价值实现提供了市场。

人力资本理论的提出可以追溯到 18 世纪 70 年代，亚当·斯密在《国富论》中提出初步的人力资本概念，他认为学习是一种才能，在学习（受教育、进学校、做学徒）期间花费不少，这些花费的资本已经实现并且固定在学习者的身上，所以全体国民后天取得的有用能力都应该作为资本的一部分，建议由国家推动、鼓励甚至强制全体国民接受最基本的教育。显然，斯密的人力资本形成主要是接受教育和获得知识。

人力资本理论的形成过程实际上就是知识价值的发现过程。随着经济社会的发展，经济增长核算中扣除资本和劳动力增长之后，全要素生产率的贡献越来越大，迫切需要对经济增长的动力做出新的解释。第二次世界大战以后，德国和日本迅速崛起，成为世界经济强国，两国重视教育的历史传统发挥了重要作用。这些客观历史条件使经济学界开始重新认识人力资本的形成过程及其对经济社会发展的贡献（马红旗和王韧，2014）。20 世纪 50 年代末 60 年代初，以舒尔茨（Schultz）和贝克尔（Becker）为代表的现代人力资本理论先驱对人力资本形成过程进行了系统的内生性分析；以阿罗（Arrow）、罗默（Romer）和卢卡斯（Lucas）为代表的经济增长研究者将人力资本作为经济增长重要的内生性变量，强调了“干中学”（learning by doing）和知识积累的重要性。

2.1.2.1 现代人力资本理论

20 世纪 60 年代，美国经济学家舒尔茨和贝克尔创立了现代人力资本理论，开辟了关于人类生产能力的崭新思路。人力资本理论认为物质资本是物质产品上的资本，包括厂房、机器、设备、原材料、土地、货币和其他有价证券等；而人力资本是体现在人身上的资本，即对生产者进行教育、职业培训等支出及其在接受教育时的机会成本等的总和，表现为蕴含于人身上的各种生产知识、劳动与管理技能、健康素质的存量的总和。与亚当·斯密时期人们对人力资本的认识相比，现代人力资本不仅关注教育和知识的获取，还关注劳动和健康素质等体现在人身上的其他价值要素。

舒尔茨是一位农业经济学家，长期专注农业经济和以农业为基础的经济发展问题的研究。在研究过程中，舒尔茨反复强调的一个观点就是人力资本是农业增长的主要源泉，所以其后期主要研究人力资本投资问题。

1961 年，舒尔茨发表了题为“人力资本投资”的演讲，阐释了人力资本的性质、投资内容、投资途径及其在经济增长中的重要作用。舒尔茨认为，人力资本是体现在劳动者身上的，通过投资形成并由劳动者的知识和技能所构成的资本，是经济增长的主要源泉，其投资范围可归纳为以下五个方面：①医疗保健；②初等、中等和高等教育；③在职培训；④成人教育计划（不包括企业组织的）；⑤个人和家庭的就业迁移。舒尔茨的人力资本观点为人力资本研究的发展奠定了理论基础，但主要从宏观层面分析，而忽视了微观的支持，特别是对影响人力资本投资的因素缺乏数量化和具体化的分析。

贝克尔的主要贡献是把经济理论扩展到对人类行为的研究，其关于人力资本的研究是对舒尔茨研究的有力补充。贝克尔（Becker，1964）在舒尔茨人力资本概念的基础上，首次运用传统的微观均衡分析方法建立了人力资本投资均衡模型。贝克尔认为人力资本投资与物质资本投资一样，与个人未来收入之间存在着紧密联系，在假设追求效用最大化的基础上，证明了人力资本的均衡条件为“人力资本投资的边际成本的现值等于未来收益的现值”。随后，贝克尔研究了人力资本投资回收率及在职培训对收入、就业和其他经济变量的影响，并进行了实证分析，促进了人力资本理论和实践应用的紧密结合。

由此不难看出，人力资本理论的发展是在农业研究和经济理论向人类行为扩展的过程中产生的，并逐步成为劳动经济学和教育经济学中的重要议题。Blaug（1976）系统梳理了自20世纪60年代舒尔茨提出人力资本理论以来的研究，人力资本概念的核心是提出了新的思想，人们在自己身上的花费不是为了当前的享受，而是为了未来金钱或者非金钱上的回报；人力资本研究的保护带（protective belt）充满人力资本的“理论”，这些“理论”被恰当地贴上了标签，事实上，这个清单是如此之长，以至于我们几乎不可能对它们进行详尽的描述。同时，Blaug还系统梳理了教育、劳动力培训、个人和社会回报率等方面的研究。

Fleischhauer（2007）对人力资本理论的新发展进行了更加系统的评述，主要将人力资本研究划分为六个方面：第一，人力资本的基本概念，个人响应教育预期回报对技能的投资的模型化；第二，一般人力资本投资和特定人力资本投资的差异；第三，各种教育回报率的实证研究；第四，由于教育成就也可能受到其他因素（如学校特征或家庭背景）的影响，回顾了有关教育生产功能的文献，并讨论了潜在投入在教育生产过程中的重要性；第五，生命周期中人力资本积累的模型；第六，税收和教育补贴对人力资本形成的影响。

2.1.2.2 内生经济增长中的人力资本

正如Fleischhauer（2007）所言，现代人力资本理论更多的是在微观层面阐述了个体和家庭的投资决策与教育回报率。虽然舒尔茨在提出人力资本理论时就指出，人力资本是经济增长的重要来源，但是微观层面的研究并没有深入探讨。

在经济增长的研究中，人力资本成为内生经济增长的重要支撑。阿罗（Arrow，1962）提出了“干中学”模型，把从事生产的人获得知识的过程内生于模型。“干中学”模型是研究与开发模型的一个变形，在劳动力与资本的科布-道格拉斯常规模型收益生产函数的基础上，推导出一个规模收益递增的生产函数。阿罗认为，人们是通过学习获得知识的，技术进步是知识的产物和学习的结果，而学习又是经验的不断总结，经验来自行动，经验的积累就体现在技术进步之上。在“干中学”模型思想的基础上，罗默和卢卡斯提出了各自的经济增长模型。

1986年，罗默首先构建了一个模型，使用“知识”来代替“资本”，研究发现知识积累是现代经济增长的重要力量（Romer，1986）；1990年，罗默构建了引入人力资本概念的第二个模型，在这个模型中产出分为消费品生产部门和研究与开发部门，认为对知识的投资具有正向的外在效应，应该加强人力资本的投入和培养，只有人力资本才能促进经济增长（Romer，1990）。卢卡斯（Lucas，1988）将人力资本作为一个独立的要素纳入经济增长中，认为人力资本可以通过两种途径形成：一种是贝克尔的学校正规教育，产生内在效应；另一种是阿罗的“干中学”，产生外在效应，进而构建了两个经济模型，说明人力资本对经济增长的作用。

在罗默研究的基础上，知识生产模型本身成为一个相对独立的领域，出现了很多新的知识生产模型。孙玉涛和刘凤朝（2011）对 Chen 和 Kee 模型中的人力资本假设进行理论扩展，构建了国家创新能力成长内部作用模型。具体而言，他们是将人力资本积累和教育资本投入联系起来展开新的稳定状态求解，改进了国家创新能力成长稳定状态水平依赖外生变量的结论，研究结果表明，国家创新能力成长在很大程度上依赖劳动力人均受教育年限增加和教育将劳动力转化为人力资本的系数，而不是外生给定的人力资本增长率。

综上，人力资本的形成和价值实现是一个不断投资和价值增值的过程。在知识经济时代，相比于物质资本，人力资本更能实现国家经济的快速增长，个体的劳动力质量越高，国家的生产率越高。具备高水平人力资本的科学家更容易获取和利用资本，可以获得更高的工作绩效。海外高层次人才作为高质量人力资本，掌握着先进的专业技术和知识，具有较高的素质，可以促进引进高校人力资本量的积累和质的提高。海外高层次人才引进回国之后，进行再投资和再培训，能够再一次实现人力资本的增值，从而给我国带来更多的效益及产出。人力资本理论是学术人员海归问题研究的基础性理论。

2.1.3 社会资本理论

“社会资本”一词可以追溯到 1916 年汉尼芬提出的观点，他认为社会资本是社会群体或家庭中具有的亲切感、同胞情及能够获取资源、满足需求的社会关系（Hanifan，1916）。从社会学角度，汉尼芬强调社会资本是个人或家庭构成的连带关系，社会成员是关系网络中的参与者或受众。随着社会资本理论的发展，社会资本出现了不同观点的分化，其中许泽想和梅丽霞（2013）将社会资本分为社会资源观、社会规范观、摄取能力观，而布朗（2000）则将社会资本分为微观、中观和宏观三个不同层次。实际上，两种划分并没有本质的冲突，只是视角不一样，本书研究从微观、中观和宏观视角做简要梳理。

2.1.3.1 微观：嵌入个体网络

1988 年，社会学家科尔曼（J. Coleman）发表了 Social capital in the creation of human capital 一文，社会资本理论开始受到关注。科尔曼（Coleman，1988）从功能主义出发定义社会资本，认为是个人拥有的社会结构资源实现了其外部行动和功能。不同于物质资本，社会资本存在于人际关系的结构中，不依附于个人，但个人是否拥有社会资本决定了其实现特定活动的可能性（邹宜斌，2005）。Portes（1995）从个人角度出发，指出社会资本是嵌入的结果，是个人通过他们在网络中的成员身份获取资源的能力，并且这种能力嵌在个人与他人的关系中。个体不同特征的社会网络影响个体嵌入网络的程度或类型，进而导致个体间社会联系特征的不同。

2.1.3.2 中观：社会网络结构

中观层面，社会资本从个体嵌入拓展到整体网络的结构化，以及结构的形成过程及其分配结果，具体包括结构洞、弱关系、强关系等理论。布迪厄（Bourdieu，1986）认为，社会资本是实际或潜在资源的集合体，那些资源是与某种持久性的网络的占有密不可分的，这一网络是大家共同熟悉的、得到公认的，而且是一种体制化关系的网络。布迪厄是第一个把社会资本与社会关系网络联系起来的社会学家，他认为社会资本是一种资源的集合体，而且这个集合体和社会关系网络紧密地联系在一起，强调了社会成员构成的关系网络，这种关系网络为成员提供了可以利用的资源（许泽想和梅丽霞，2013）。

社会网络结构的相关理论已经在人才迁移中获得很多应用。Granovetter（1985）认为由于弱关系连接的是不同群体的成员，他们之间存在较长的社会距离，加大了信息的异质性程度，通过弱关系建立的社会网络更加广泛，传递的信息是非冗余和多样化的，更有可能接触到关键性的求职信息，从而有助于人才迁移的成功。Burt（2009）在 Granovetter 的基础上提出了结构洞的概念，他认为处于结构洞之上的社会成员，从不同的渠道获得不同成员的信息，使自己有更多的信息、资源和更频繁的人际互动，有利于在竞争中获得优势。孙晓娥和边燕杰（2011）结合中国情境，对Granovetter的理论进行了修正，提出了强关系理论，他们通过对 30 名留美科学家跨国兼职经历的分析发现，跨国合作是一个强弱关系互相协调、互相发挥作用的社会网络。强关系的作用是充当节点，为双方提供沟通平台，并充当中间保证；而弱关系的作用是互通信息，为留美科学家提供体制资源支持。

2.1.3.3 宏观：社会规范观

宏观层次社会资本理论以社会为中心，将社会资本与集体行动和公共政策联系起来，代表人物是 Putnam 和 Fukuyama。Putnam 将社会资本系统地引入经济学、政治学等领域，引起了学界尤其是社会科学界的广泛关注。1993 年，Putnam 等的 *Making Democracy Work：Civic Traditions in Modern Italy* 出版之后，逐渐吸引了来自社会、政治、经济、教育和文化等各个研究领域的学者的目光。

Putnam（1993）将社会资本定义为社会组织的一些特征，如社会信任、规范和网络，其能够通过协调降低成本，促进社会信任，提高社会效率，其中社会信任是社会资本最关键的要素，确立了社会资本以社会为中心的实质内涵。Fukuyama（1995）将社会资本的内涵延伸到了社会规范领域，他认为社会资本是个体或群体在一个社会网络中共同遵守的非正式的价值观和行为规范，即一个社会的普遍信任程度，且这种信任程度与这个社会的发展密切相关。Fukuyama的理论更加明确了以社会为中心的功能。

综上，目前国内外学者尚未就社会资本的定义达成一致，但不难发现他们普遍认为社会资本由两部分构成：社会关系网络及网络中可利用的资源。本书研究借鉴 Nahapiet 和 Ghoshal（1998）对社会资本的定义，认为社会资本是嵌在个人或社会个体所处的关系网络中、通过关系网络可获得的、来自关系网络的实际或嵌在资源的总和。海外高层次人才的社会资本具有国际和国内的二元性特征。国际社会资本有助于海外高层次人才扩展全球性的专业网络和获取各种隐性知识资源，促进高校融入国际创新网络；国内社会资本有助于海外高层次人才融入本土创新系统，带动前沿知识在高校的转化，增强高校参与全球科技合作与竞争的能力。

2.2 学术海归研究评述

2.2.1 学术海归的主要特征

关于海外人才回流，目前学术界和实务界并没有一个明确的概念界定。本书对海外人才回流的定义如下：在海外留学、工作、居住的科学或技术人员从国外回到国内的一个迁移过程。学术海归更多的是海外学术人员的回流。

跨国迁移学术人员群体具有显著的群体性特征，其中教育是重要的区分因素。Adams（2003）通过对 24 个劳动力输出国的数据研究得出，高层次人员更倾向迁移到美国和 OECD 国家，并且更愿意迁移到与母国临近的国家。刘俊婉（2011）通过对五个领域高被引科学家的流动现象进行计量分析发现，大部分高被引科学家的机构流动频次为 2~5，半数以上的高被引科学家有过国外工作经历，每经过 6~7 年高被引科学家更换一个工作单位。邓侨侨（2014a）通过对 308 名高被引科学家迁移原因进行调查，发现科技精英人才向名校集聚实质上是向世界大学学术排名（Academic Ranking of World Universities，ARWU）1~100 名的大学集聚。

学术人员海归与学术人员流失紧密相连，海归的绝大部分是早期出海的学术人员。

学术人员特别是高质量学术人员流失似乎一直是中国科技发展需要解决的问题之一。Zweig 和 Wang（2013）研究发现，中国的教育和就业系统已经非常国际化，中国政府派遣出去的学者主要靠国外的资助完成他们的研究。Wang 等（2013b）通过对美国100所大学的3 776名华人教授的地域、机构、性别、职位和学科数据进行分析发现：纽约州、加利福尼亚州和宾夕法尼亚州的华人学者最多；俄亥俄州立大学哥伦布分校、埃默里大学和得克萨斯农工大学是华人学者最主要任职的三所大学；男性教授与女性教授人数比例悬殊，约为 7∶3；教授、副教授和助理教授的比例是 2.7∶3∶4.3；生物、医学和计算机科学学科是华人学者最主要从事的三类学科。张松涛和关忠诚（2015）通过对中国科学院杰出青年教育经历进行研究，发现杰出青年群体从硕士开始呈现国际化求学趋势，主要流向发达国家。

改革开放以来，随着中国经济的快速发展及国际地位的不断提升，海外人才回流现象逐渐引起了社会的广泛关注，且近年来中国人才回流的人数不断增加。高子平（2012）对27个国家1 123名海外华人科技人才进行了问卷调查，结果显示，海外科技人才回国发展的意愿较高，总体上达到了 68.9%，明确表态不考虑回国发展的仅占 9.1%。王晓莺（2004）指出海归对于中国科研、创业领域等的发展都发挥了巨大的贡献作用，且自 2003 年起，海归总量在逐渐上升，但海归人才含金量却在逐渐下降。

Zweig（2006）、曹聪（2009）、Zweig 和 Wang（2013）指出中国政府的努力成功吸引了创业人才和专业人士全职回国发展，但是全职回国的高水平学术人员仍然较少。Tian（2013）的研究表明，在国外获得博士学位的人员的回国率仍然处于比较低的水平。刘蓉洁（2010）对上海四所"985"高校海归的经验研究指出，访问学者占全部海外工作经历教师的 47%，博士后占 29%，在海外高校或企业等单位中担任全职工作的教师仅占 21%，其他占 3%。董洁林（2013）的案例分析发现，顶级高科技海归创业团队呈现较明显的"M"形能力双峰，即创业能力和技术能力都较高。

2.2.2 学术海归的动力机制

近年来，我国有大量的学术人才外流，作为新兴发展中国家，我国迫切需要从人才流失向人才回流和人才循环转变，解决高层次学术人才短缺及高学历人才流失的问题。为了吸引人才全职回国工作，我国政府出台了一系列吸引人才的政策，但是这些政策所产生的人才引进效应并不乐观。学术人员跨国迁移的动因仍然是学术界和管理层关注的主要议题，积极探索影响学术人员跨国迁移的因素能给我国制定吸引海外学术人才的政策提供一些指导性的建议（孙玉涛和张帅，2017）。围绕中国如何吸引学术人才全职回国工作发展，很多专家学者从不同的层面和侧重点探讨了影响学术人员跨国迁移的种种因素和分析模型。

2.2.2.1 宏观国家层面学术海归的动力机制

关于国家层面影响学术人员跨国迁移的因素，现有学者主要从社会环境及制度环境两个方面进行研究。

第一，社会环境。孙健等（2005）、Weinberg（2011）认为国家的教育水平越高、人均国内生产总值越高、人口规模越大，越能够吸引重要科学家流入，并且国家的民主化程度、城市化率与科学家数量之间存在着重要的关联。马冰心和李会明（2004）探究了经济动力、生存动力和发展动力对人才国际流动的影响，研究发现人才国际流动的根本原因是国家的经济因素，国家的经济发展水平是人才在流动时考量的一个重要因素。Florida（2007）指出高层次学术人才在迁移时，会考虑所在地区的自然环境设施及生活基础设施等，即优越的生活环境更能吸引学术人才的流入。

第二，制度环境。Cao 和 Suttmeier（2001）、Cao（2008）认为制度因素是影响中国政府吸引海外学术人才的一个重要方面。谢勇和陈念宁（2013）认为需要关注中国科学的制度化建设、现行制度的合理化完善、趋同化人事管理措施的改进等，在政策制定过程中需重点关注统一人事管理制度的构建。

2.2.2.2 中观组织层面学术海归的动力机制

学术人员跨国迁移不仅取决于个人层面的因素，还取决于个人与组织之间的适配关系，组织层面的因素也将影响学术人员的迁移决策。相对于国家及个人层面的影响学术人员跨国迁移的因素研究，专家学者关于组织层面的因素研究相对较少。学者们主要探究了组织的属性因素对学术人员迁移决策的影响，而对组织关系因素的研究甚少。对文献进行梳理发现，专家学者主要探究了组织的软环境影响学术人员的跨国迁移。

一是，学术组织的竞争优势影响学术人员的迁移决策。邓侨侨（2014b）以高被引科学家为研究样本，分析了科技人才的机构迁移与大学的竞争力之间的关系，发现科技精英人才在职业发展过程中，总会向一流大学迁移和集聚，大学的竞争力是影响科技精英人才进行机构间迁移的一个重要原因。Cao（1997）对中国院士的分析也得出了相似的结论。

二是，大学的学术环境影响着学术人员的迁移决策。Roach 和 Sauermann

（2010）、田方萌（2012）研究发现大学为了吸引更多优秀研究生，会持续打造良好的学术环境。柳卸林等（2009）以博士后为研究对象进行统计分析发现，大学良好的科研环境及平台有助于提升博士后的科研创新能力，从而更能促使博士后的跨学校流动。

2.2.2.3 微观个人层面学术海归的动力机制

学术人员在机构间跨国迁移在一定程度上受到个人因素的影响，主要有以下两个方面。

一是，收入水平对学术人员的迁移决策有着至关重要的影响。魏浩等（2009）研究发现国家的收入水平越高、社会福利越好，人才流入的倾向性就越高。Zeithammer 和 Kellogg（2013）的研究表明美国的收入大于中国的收入是中国留学生不愿意回国的主要原因。

二是，个人追求事业成功的内在力量。马万华等（2013）通过对“青年海外高层次人才”学者进行访谈得出，青年学者选择回归主要是为了实现个人的价值，他们真正追求的是学以致用，竭尽所学。高子平（2014）基于 20 个主要国家和地区理工科留学人才的学术相关性的大型实证调查，发现科研选题的持续性（前相关）、师承关系（纵相关）、职业发展目标（后相关）、与中国的学术交流和科研合作（横相关）对海外理工科留学人才回流意愿有不同程度的影响。

2.2.3 学术海归的科研效应

改革开放以来，中国政府出台了一系列吸引海外高层次人才全职回国工作的政策，并且初见成效，中国正在从世界上最大的人才流失国向世界上主要的人才回流国转变，迎来海归回流的时代。这些各种举措背后隐含的假设是海外高层次人才具有高水平的人力资本和社会资本，有利于提高中国的科研水平，缩小中国与发达国家之间的差距。那么，海外高层次人才回国后的绩效如何也是管理者和学者关注的重点。目前，学者从不同侧重点进行了研究。

2.2.3.1 学术人才海归的科研产出效应

学者研究发现海外高层次人才具有显著的国际合作特征，他们有着更高的科研产出和科研影响力。Jonkers 和 Tijsen（2008）、Velema（2012）、Furukawa 等（2012）研究发现海外高层次人才更倾向国际合作，国际联合出版物更多。Lawson 和 Shibayama（2013）、Franzoni 等（2014）、Gaulé（2014）、Scellato 等（2015）指出，与本土科学家相比，海外高层次人才和有足够国外经历的研究人员拥有更强大的国际知识网络，有更多的国际合作伙伴，科研产出能力和学术影响力会更高一些。Jonkers 和 Crus-Castro（2013）研究发现海外高层次人才在国外建立的学术关系显著正向影响其回国后的国际合作模式。杨芳娟和刘云（2016）指出青年高层次人才具有较强的学术生产力及影响力，其回国后与西方发达国家保持着频繁合作关系，形成一个以中国和美国为中心向外辐射的科研合作网络。陈代还等（2015）认为海归科学家具有国际合作网络的优势，相较于国内科学家，其科研产出的数量和质量都显著较高。

Li等（2015）研究发现回母校工作的海外高层次人才更倾向在平均影响因子更高的期刊上发表文章，科研产出质量更高。鲁晓等（2014）基于全国科技工作者调查数据进行研究发现，一般而言，海归学术人才在学术和创新表现上要远优于本土学术人才；早期回国的学术人才，较近年来海归热潮中回国的学术人才，有更好的学术和创新表现，且相对于拥有海外博士学位的学术人才来说，本土学术人才在学术和创新的表现上并没有显著差异。

与此同时，也有一些负面的结果报道。Gibson 和 McKenzie（2014）采用一种独特的调查方法来研究知识流动的性质和程度，研究发现，归国移民对研究的影响并不比没有移民但作为国际和本地研究者之间研究知识转移主要来源的个人更大。这个研究结果与现有文献中的观点相反，即很少有移民研究人员回国产生重大影响，移民并没有给研究人员带来生产力收益。赵卫华（2010）通过大样本的统计分析指出，虽然海归博士和本土博士在职业生涯上有很大差别，但是就发表论文、获得专利、获得省部级以上奖励等职业成就指标看并没有显著差别。

2.2.3.2 高层次学术人才海归的技术溢出效应

第一，海外高层次人才回流带来了先进的技术，促进了产业升级，有利于形成产业集聚。Saxenian（2005）以中国和印度为代表，通过对由硅谷回流至母国的高技术人才进行研究发现，回流的高技术人才与硅谷持续保持紧密联系，并为母国本地化的高新技术产业升级做出了巨大贡献。McCormick 和 Wahba（2003）通过对埃及回流技术人员的研究发现，技术人员在国外学习工作的时间和积累的人力资本与技术溢出效应呈正相关关系。

Le（2008）、陈宝瑞（2008）研究发现海外高层次人才回流能够促进东道国和回流国企业之间的技术转移，提高了回流国学习外国技术的能力，为回流国带来了先进的技术、管理理念和发展模式，在技术溢出过程中起决定性作用。李平和张玉（2012）基于人力资本视角，通过构建人力资本与产业结构耦合模型，发现海外高层次人才带来的高水平人力资本和社会资本能满足产业升级的人才需求，打破瓶颈，直接促进产业升级。陈晓毅和林敏（2013）收集了中国 30 个地区 2000~2010 年的面板数据，利用系统 GMM（generalized method of moments，广义矩估计）进行分析，发现海外高层次人才提高了我国 FDI（foreign direct investment，外商直接投资）技术吸收能力，显著地促进了产业升级。李平和许家云（2011）、王辉耀和苗绿（2013）指出海归创业有明显的地区和行业倾向，大部分海归在留学人员创业园创业，集中在高新技术行业，形成产业集聚，能够在较短时间内实现规模扩张和竞争力的提升。

第二，海外高层次人才的技术溢出效应存在地区差异。陈怡安和杨河清（2013）利用中国 2000~2011 年各省份面板数据，通过构建海归回流技术溢出效应的测度模型对海归回流的技术溢出效应进行实证，研究结果表明海归回流有利于我国科技进步，且海归回流的技术溢出效应受地区环境、地理位置等因素的影响，在东部、中部、西部呈递减趋势，其中北京、上海、广东的海归技术溢出效应明显高于其他省份。朱敏和许家云（2013）将海归数据引入 FDI 技术溢出模型，利用中国省际面板数据模型进行分析，发现海外人才的技术溢出效应在中国不同地区有较大差异。

2.2.3.3 高层次学术人才海归溢出效应的影响因素

第一，环境影响海外高层次人才回流的绩效。van Heeringen 和 Dijkwel（1987）、Chen（2008）、Mullings（2011）认为母国社会网络薄弱和文化差异是海外高层次人才跨国资本有效本地化的主要障碍，进而影响海外高层次人才回国后的科研产出。Mael 和 Ashforth（1992）从组织认同理论出发，认为强有力的组织认同能够激发海外高层次人才与其他成员之间的合作，有利于科研产出。金晶（2013）基于人才-环境匹配视角，指出海外高层次人才与高校、所在团队、具体岗位的匹配程度影响着他们的科研产出，匹配程度越高越有利于科研产出。

第二，海外高层次人才科研绩效取决于个人特征。Baruffaldi 和 Landoni（2012）指出海外高层次人才的年龄正向影响科研产出。孟晋宇和陈向东（2017）以麻省理工学院和斯坦福大学这两个国际顶尖高校的 64 位海外高层次人才为研究对象，分析他们在美国的教育经历对其回国后科研产出及国际合作的影响，发现与一直待在同一个实验室的海外高层次人才相比，拥有多段经历的海外高层次人才回国后的科研产出更高。Dietz 和 Bozeman（2005）、Jonkers 和 Crus-Castro（2013）研究发现早期出版物数量对海外高层次人才回国后的科研产出有显著正向影响。

Jonkers 和 Tijssen（2008）指出与拥有日本或欧洲海外经验的海外高层次人才相比，拥有美国海外经验的海外高层次人才回国后有更高的科研产出，且在国外度过的时间越长，其科研产出越高。余广源和范子英（2017）通过对国内

“985”高校和“211”财经类高校的 882 位经济学科海归教师数据进行分析，发现国外任职的时长和研究成果对海归教师的论文发表数量有重要影响。

2.3 人才引进计划研究评述

2008 年，我国开始实施“海外高层次人才引进计划”，已经取得显著成效，吸引了大量海外高层次人才回国工作。据统计，截至 2017 年，“海外高层次人才引进计划”已分 12 批引进 6 000 余名高层次创新创业人才，在科技创新、技术突破、学科建设、人才培养和高新技术产业发展等方面发挥了积极作用，正成为创新型国家建设的一支重要生力军。目前学术界已经对“海外高层次人才引进计划”入选者进行了广泛的学术研究，同时得出了一系列有价值的结论，为我国未来吸引更多学术人才的流入提供了借鉴性的指导。

2.3.1 人才引进计划入选者的整体特征

“海外高层次人才引进计划”入选者作为按照一定标准遴选的高层次人才，其具有自身的群体特征。王仰东等（2014）对前十批“海外高层次人才引进计划”创业人才的基本情况、区域分布、行业分布等特征进行研究，发现电子信息和生物医药两个领域的人数占总人数的 64%。这与当前产业的发展趋势基本吻合，但具体业务主要集中在互联网应用、电子商务和新药研发领域，人才同质化严重，区域内产业布局单一。Zweig 和 Wang（2013）发现拥有海外博士学位的海外高层次人才占比高达 88.2%，且回国后超过 26%的人回到内陆城市，比例高于其他人才项目。

魏立才和赵炬明（2014）通过对前五批“青年海外高层次人才引进计划”入选者进行统计分析和实地调研访谈，发现青年海外高层次人才的单位选择比较集中，应用学科和新兴学科人才引进的力度比较大，年龄在 33 ± 3 岁的是主要入选人群，且入选者的原任职地区主要是美国（占比 64%~72%），其次是英国、日本、新加坡等国。杨芳娟和刘云（2016）以“青年海外高层次人才引进计划”入选者为分析对象，利用履历信息和文献计量进行分析，研究指出青年海外高层次人才以 30~35 岁的男性为主，主要分布在生命科学、工程与材料领域，来自发达国家的一流企业、高校和科研机构。王小力和彭正霞（2017）对我国C9①高校1~6批“青年海外高层次人才引进计划”入选者进行分析，发现青年海外高层次人才主要在美国获得博士学位，以及在中国高等院校获得博士学位并在海外学术机构工作，呈现机构多、人数少和布局分散的特征，不同高校青年海外高层次人才获得博士学位的学校排名分散程度较大。

基于2011~2017年中国知识基础设施工程（China National Knowledge Infrastructure，CNKI）与Web of Science核心合集收录的论文合著数据，林晓峰和姜海宁（2020）研究了高校青年海外高层次人才对长三角知识合作网络影响及其特征，结果发现：长三角内部知识合作网络度中心性总体差异显著，呈现多核心趋势；长三角外部以香港、台湾和北京为主要集聚区；与国外建立的知识合作网络则集中于以美国为代表的北美洲及欧洲的英国等国家和地区；此外，知识合作网络在空间上呈现明显的“核心–边缘”格局，并将长期存在。

由于“海外高层次人才引进计划”入选者是已经存在的客观群体，相关群体特征的研究结果大同小异。应该看到，“海外高层次人才引进计划”入选者存在创新和创业两类人才，创新人才注重基础研究和相关技术的先进性，主要发现知识价值；创业人才以企业为创新主体，更关注技术与产业的结合，注重知识价值和商业价值的共同实现。此外，青年海外高层次人才由于信息公开程度更高，成为很多研究的样本。

2.3.2 人才引进计划入选者的回国动因

马万华等（2013）通过对“海外高层次人才引进计划”入选者进行访谈，发现个人价值的实现、个人价值与祖国命运的结合、重要他人的影响和子女的文化认同会影响学者回国工作。周雨露（2015）基于利益相关者视角，通过对利益相关者访谈资料的编码分析和目标群体的问卷调查，指出相较于政策环境，较多的海外高层次人才回国是因为国内有较大的发展平台和机会。

孙玉涛和张帅（2017）以1~4批“青年海外高层次人才引进计划”入选者为研究样本，用履历分析法提取数据，研究提出学术人员跨国迁移决策矩阵并使用生存分析法进行实证检验，研究发现学术因素对青年海外高层次人才回国决策的影响具有双重特征，在世界TOP100高校任职的青年海外高层次人才回国意愿比较强烈，但在海外进入终身职位序列或者获得终身职位的青年海外高层次人才回

① 九校联盟（C9 League），简称C9，是中国首个顶尖大学间的高校联盟，于2009年10月启动。联盟成员都是国家首批“985工程”重点建设的一流大学，包括北京大学、清华大学、复旦大学、上海交通大学、南京大学、浙江大学、中国科学技术大学、哈尔滨工业大学、西安交通大学共9所高校。九校联盟形式类似于美国常春藤联盟、英国罗素大学集团、澳大利亚八校集团等，旨于在人才培养、科学研究等领域加强合作与交流，优势互补，被国际上称为中国常春藤盟校。

国意愿不强。随后，孙玉涛和韩燕芳（2019）以1~6批信息科学领域“青年海外高层次人才引进计划”入选者作为研究对象，从中观组织层面出发，发现学术机构间的学术距离负向影响学术人员跨国迁移，学术机构网络位置正向影响学术人员跨国迁移。

2.3.3 人才引进计划入选者的学术效应

一是，海外高层次人才海归有利于提高科研产出。Lundh（2011）认为在生命科学创新领域，“海外高层次人才引进计划”的实施加强了中国和美国之间的交流，有利于提升海外高层次人才的创新产出。赵俊芳和叶甜甜（2014）以“985”高校前五批“海外高层次人才引进计划”入选者为研究对象，利用Web of Science、CNKI、Engineering Village数据库的数据进行研究，发现“985”高校前五批“海外高层次人才引进计划”入选者被引进后整体具有较强的科研产出能力和学术影响力，其发文量、被引量等指标有明显提高。陈代还等（2015）选取首批青年海外高层次人才的履历信息、职业发展轨迹信息和论文数量建立面板数据，研究发现青年海外高层次人才的国际合作网络对其科研产出具有显著的正向影响，国内关系纽带与其科研产出呈U形关系。杨芳娟和刘云（2016）研究发现海外高层次人才被引进后整体具有较强的学术生产力及影响力，其科研合作网络具有小世界特征，并形成了一定规模的科研团队。

刘玮辰等（2020）以“青年海外高层次人才引进计划”入选者为对象，通过粗糙完全匹配方法构建实验组和对照组，采用双重差分模型分析入选者回国前后国内科学家对其论文引用的变化，研究发现：入选者回国后，国内科学家对其论文引用显著增加，并且该效应既存在于入选者回国后发表的论文，也存在于回国前发表的论文。以“985”高校前五批“青年海外高层次人才引进计划”的716位入选者为对象，孟华（2019）首先采用均值比较法判断入选者在政策前后的学术表现差异，研究发现，入选者学术表现显著提高；导致这一结果的非政策因素是学科领域、职称及所在单位地理位置，政策因素对入选者发文量也产生了显著的正向影响。

二是，海外高层次人才海归是否有利于提高科研产出取决于环境。Yang和Marini（2019）把青年海外高层次人才与在美国研究型高校工作的中国学者进行比较，研究发现他们在科研产出数量方面表现相似，但在科研影响力方面，青年海外高层次人才处于劣势。魏立才和黄祎（2020）以青年海外高层次人才为对象，研究学术流动经历对青年理工科人才科研生产力的影响。叶甜甜（2016）以“985”高校100名海外高层次人才为研究对象，发现学科之间、学者之间科研生产力分化，部分海外高层次人才归国后学术倦怠现象明显。

李燕萍等（2018）以 72 名“青年海外高层次人才引进计划”入选者为研究对象，发现他们具有基础科研需求、公平需求、效率需求、关系需求和价值实现需求五个方面的需求，满足这些需求有利于他们实现更高质量的科研产出。魏立才和黄祎（2020）研究发现：学术流动对青年理工科人才回国后科研表现的影响比较复杂，没有证据表明流动行为本身会提高研究人员的科研生产力；学术流动及随之产生的调整成本会导致短期的科研生产力下降；人才在适应国内科研环境后，论文发表数量与质量整体都得到了提升。研究建议避免采取不利于良性学术流动的政策（如学术近亲繁殖政策等）；延长海外青年人才回国后的评估期，并帮助其减轻年度评估的压力等。

三是，“海外高层次人才引进计划”政策效应显著，且仍然有改善空间。赵吝加和黄园淅（2018）针对“海外高层次人才引进计划”入选者群体发放“海外高层次人才引进计划”专家工作情况与感受调查问卷，共回收有效调查问卷 378 份，通过问卷分析发现：“海外高层次人才引进计划”按需引才、以用为本，给我国带来了大量能够突破关键核心技术的高层次人才储备，同时也带动了国内人才的快速成长。同时，作者提出为了更好地实施“海外高层次人才引进计划”，建议如下：第一，在引进人才时少一点功利性，减少盲目引才，开展精准引才、按需引才；第二，在评价人才时多一点公正性，减少外行评内行、增加国际小同行评议。

郑巧一（2015）以 C9 高校前十批入选“海外高层次人才引进计划”专家和前三批入选“青年海外高层次人才引进计划”专家为样本，采用履历分析法从科研成果、人才培养、社会服务和学术综合四个方面构建评价指标对其进行定量评价，研究发现：“海外高层次人才引进计划”专家活跃在科学研究、人才培养、社会服务等各个领域，取得了大量的研究成果；有些方面仍存在不足，如有些引进的“海外高层次人才引进计划”专家没有按照计划要求全职回国工作，国内的学术氛围和科研环境与国外相比还有差距，现有的人才引进政策与其他相关政策不配套的问题比较突出。

四是，青年海外高层次人才对产品开发、创新驱动的积极作用。董洁林（2013）通过对三个由中国“海外高层次人才引进计划”专家主导的科技创业公司进行多案例研究，发现顶级高科技海归创业团队的创业能力和技术能力都较高，且具有天生全球化的创业偏向，善于从全球范围组织、获取商机和创业资源，偏向跳过技术模仿直接从事最新技术产品开发。彭伟和符正平（2015）以 10 位“海外高层次人才引进计划”创业人才为研究样本，应用扎根理论方法进行分析，发现海外经验和宏伟梦想是推动海归创业的关键要素，机会发现和机会创造是海归创业的关键行动，海归创业有利于推动我国产业结构升级和创新驱动发展。

2.4　文献评述与研究局限

本章梳理了中国学术海归跨国流动的理论基础及相关研究评述。首先，介绍了人才迁移理论、人力资本理论和社会资本理论，为后续章节的研究工作提供理论基础；其次，从学术海归的主要特征、动力机制和效应影响三方面对学术海归研究进行评述；最后，对“海外高层次人才引进计划”入选者的整体特征、回国动因及学术效应研究进行评述。应该看到，现有研究已经取得了很多创见性的成果，为未来的相关研究工作奠定了一定的文献基础，但仍存在一定的局限性，主要表现在海归特征、动力机制、科研效应三个方面。

2.4.1　海归特征研究方面的局限

现有研究对“海外高层次人才引进计划”入选者的特征进行了比较详细的刻画，为本书研究奠定了现实基础，但仍存在一些局限性。

首先，现有研究多以高层次学术人才或技术创业人才为研究样本进行分析，而海外青年学术人才占我国学术人才引进的比例逐渐增大，越来越多的海外青年学术人才选择回国发展。所以，在研究样本的选择上，本书研究以中国青年学术人才为研究对象，重点探究中国青年学术海归的学术特征。

其次，现有研究忽视了“学术联系”对青年学术人才回国决策的影响，或者说学术联系作为海归学术特征的重要意义。“学术联系”是一个人所拥有的社会资本及未来建立学术合作纽带的重要体现。对学术人才来说，其所具有的学术联系包括师生关系、同事关系等多种关系形式，这些关系对人才回流的影响非常大。

最后，现有研究忽视了不同影响因素在性别维度下的差异。一直以来，科学界的性别差异已经成为学术界和全社会的共识。科学社会学研究发现：由于女性科学家受到性别角色定位、婚姻家庭、科学共同体认同等方面的制约，与男性科学家相比，女性科学家科研生产率偏低、更难获得职位升迁或者提拔、更难获得较高的职位（Cole and Zuckerman，1984）。因此，性别的不同可能导致“学术能力”与“学术联系”对学术人才海归选择的差异化影响。

2.4.2 动力机制研究方面的局限

现有文献已经对国家层面和个人层面影响学术人员跨国迁移的动力机制进行了丰富的理论和经验研究，取得了很多创见性的成果，为本书研究奠定了一定的文献基础，但仍存在一些局限性。主要表现在以下两个方面。

第一，现有研究虽然已经对影响学术人员跨国迁移的因素进行了许多探讨，但大部分是从宏观国家层面及微观个人层面进行研究，对学术机构等组织层面的理论探讨相对较少，近年来学术界开始逐步关注影响学术人员迁移的诸多组织属性因素，如大学良好的科研环境、大学的竞争优势等，但是学者们对关系因素的关注较少。因此，非常有必要从组织关系层面探究学术人员跨国迁移的动力机制，为我国吸引海外人才回国提供足够的理论支撑及建设性建议。

第二，现有研究虽然已经开始关注到“青年海外高层次人才引进计划”入选者，但主要关注项目中的创业人才，对学术人才关注甚少。关于学术人才的研究主要是基于入选者信息的特征统计性分析，没有关注到入选者进行跨国迁移的组织层面动因，没有深入研究青年入选者的迁入与迁出机制之间的关系。实际上，学术人员跨国迁移不仅取决于宏观环境和个体特征，在一定程度上还受到人员-机构匹配的影响，如果学术人员找不到与之匹配的机构，很难迁移成功；而人员与迁入机构的匹配还受到人员迁出机构的影响。为此，研究学术人员跨国迁移需要关注学术机构之间的关系对人员迁移的影响。

2.4.3 科研效应研究方面的局限

学术界已经对海外引进学术人才的绩效和“海外高层次人才引进计划”政策效应进行了丰富的理论研究和经验研究，为本书研究奠定了坚实的文献基础，但仍存在一些局限。

第一，现有文献虽然从科研产出效应、技术溢出效应和效应的影响因素三个方面对海外学术人才的绩效进行了许多探讨，但现有研究主要聚焦海外学术人才的个人科研产出或者企业层面的技术溢出，较少涉及高校的科研产出。高校是各项人才政策实施的主要阵地，是海外学术人才回国的主要选择。当前，弱化“帽子”人才在各项评估中作用的呼声越来越高，高校引进海外学术人才不仅期望他们个人具有“人才”头衔和创造更多新研究成果，更希望通过他们带团队、造氛围、建文化，提升组织整体科研产出。因此，非常有必要探究引进海外学术人才对高校科研产出的影响，为我国人才政策的实施和发展提供理论支撑和政策建议。

第二，现有研究已经对“海外高层次人才引进计划”入选者的回国动因、个人特征、政策效应等方面进行了研究，但主要是统计分析和访谈，对于政策效果的定量评价比较少。此外，对“海外高层次人才引进计划”的政策效应研究聚焦于个人层面或者企业层面，并没有回答海外学术人才如何影响高校科研产出的问题。因此，本书研究以“211”高校为研究对象，选取 1~6 批化学学科“青年海外高层次人才引进计划”入选者进行实证检验，探究引进海外学术人才对高校科研产出的影响机制。

第三，由于科研基础、科研资源、优秀人才等条件不同，是否应该引进海外学术人才、引进多少海外学术人才、引进什么水平的海外学术人才、如何在平衡人才数量和质量的基础上达到科研产出效应最大化是高校关注的重点。本书将以定量研究方法为主，系统准确地回答是否引进、引进数量和引进水平对不同层次高校科研产出数量和质量的影响。

3 中国青年学术海归的基本特征

2010 年 5 月 25 日至 26 日，中共中央、国务院在北京召开全国人才工作会议，提出抓紧培养造就青年人才。中央人才工作协调小组办公室在广泛听取多方面专家意见的基础上，2010 年底决定实施“青年海外高层次人才引进计划”项目，大力引进一批有潜力的优秀青年人才，为今后 10~20 年中国科技、产业的跨越式发展提供支撑。根据人才成长的一般规律，35 岁左右的青年人才是最有创新激情和创新能力的群体。“青年海外高层次人才引进计划”正式启动以来，受到高校、科研院所等用人单位高度重视，海内外人才踊跃参与。2011~2015 年全国共引进 6 批 1 801 名国家青年学者。

本章对“青年海外高层次人才引进计划”入选者做初步的统计分析，具体包括入选者的人口学特征（性别、年龄）、学科和单位特征、博士学位授予及海外任职特征，并采用田野调查进行描述性统计分析，为读者提供青年学术海归的感性认识。

3.1 青年学术海归的人口学特征

青年学术海归的人口学特征主要关注性别和年龄，在科学社会研究中性别问题和年龄问题长期受到广泛关注，并且已经形成了一系列有价值的结论。

3.1.1 性别特征

科学家的性别是科学社会学研究的一个重要议题，女性科学家的成长发展对科学事业和社会的发展都具有重要意义，支持女性科学家成长对于国家开发科技人力资源、发挥国家人才优势具有现实意义。科学家性别分布情况见表 3.1。

表 3.1　“青年海外高层次人才引进计划”入选者性别分布

批次	男性数量/人	占比	女性数量/人	占比	总计
第一批	139	91.45%	13	8.55%	152
第二批	203	91.86%	18	8.14%	221
第三批	157	88.20%	21	11.80%	178
第四批	167	90.27%	18	9.73%	185
第五批	350	87.94%	48	12.06%	398
第六批	596	89.36%	71	10.64%	667
总计	1 612	89.51%	189	10.49%	1 801

从青年学术海归性别来看（表3.1），女性有189人，男性有1 612人，每个批次的男女入选比例为 9：1 左右。从第一批到第六批，女性青年海外高层次人才数量呈增长趋势，且增速快于男性入选者，由最初的13名增长到71名，比例也从最初的8.55%增长到了10.64%。实际上，女性少的问题并不单独存在于海外高层次学术海归中。

2009 年 9 月 18 日《人民日报海外版》以“为何高层次科技人才中女性少”为题进行了报道：在高层次科技群体中女性所占比例较低。一组数据显示，“两院”院士中，女性院士仅占 5.01%；“973 计划”选聘的首席科学家中，女性占 4.6%；“长江学者”中，女性占 3.9%。与之形成对比的是，2018 年中国科学技术协会调研宣传部和中国科学技术协会创新战略研究院联合发布的《中国科技人力资源发展研究报告——科技人力资源与创新驱动》显示，虽然我国科研领域男性依旧占据着绝对优势，但是截至 2015 年，女性在这一领域的总量已经达到 217.3 万人，占比 46.3%。近年来，我国女性研究生的招生比例都维持在 50%左右，未来研究生层次女性科技人力资源的比例还会有所提高。

海外高层次学术人才中女性少，主要原因是学术产出相对男性比较少，这是一个科学界普遍存在的问题。美国科学社会学家研究发现，女性科学家发表的科研成果数量仅是同年龄组男性科学家的一半到三分之二，这就是女性科学家的“科研产出之谜”（the productivity puzzle）（Cole and Zuckerman，1984）。“科研产出之谜”可能有多方面的原因。

第一，在中国家庭中，女性常常处于贤内助地位，本书在海外回归女性科研人员访谈中发现，很多女性青年学术人员海归的一个主要原因是丈夫选择回归发展，从她们内心而言，更愿意选择国外相对稳定和安逸的生活和教育环境。这也是徐飞和杨丽（2009）提到的性别角色定位和教育的影响。

第二，婚姻、生产、家庭和子女教育问题。因为生理原因，女性在家庭中承担生产和生育哺乳的职责，结婚生育和子女教育过程中往往要承担比男性更多的责任。同时，徐飞和杨丽（2009）认为，将女性科学家科研产出水平完全归咎于婚姻家庭拖累的传统观念缺乏依据，婚姻家庭主要影响科研水平较低层次的女性科学家，高层次女性科学家可以事业和家庭兼顾。

第三，科学共同体认可的制约。在一个男性占主导地位的职场环境里，女性科学家的成就往往被低估或者得不到认可，特别是在共识程度比较低的社会科学领域。徐飞和杨丽（2009）认为科学界具有高度分层的社会建制，在科学社会建制中，对女性科学家的职业歧视有时候比科学共同体的名誉分配不公要更严重。然而，欧美科学社会学家针对期刊论文审稿、项目资助申请和职称评定的同行评议所进行的一系列研究并没有明确显示同行评议中存在性别歧视问题，同时在同行评议过程中，女性科学家也倾向选择男性科学家（张非非，2010）。

综上，不难看出，对“科研产出之谜”的解释并没有形成一致意见，无论是角色定位，还是婚姻家庭和共同体认可因素，都不是绝对的制约。实际上，针对当前女性科学家在职业发展中面临的诸多障碍，政策制定者已经进行了回应。2010 年以来，国家自然科学基金委员会充分听取相关部门建议，广泛借鉴国际相关经验，在系统评估国内现实需求的基础上，出台了一系列支持女性科学家成长发展的政策。具体包括：2010 年在评审工作意见中明确提出“在各类项目评审中，注意把握在同等条件下女性科研人员优先的资助政策”；2011 年实施了“放宽女性申请青年科学基金的年龄到 40 岁”，“明确女性可以因生育而延长在研项目结题时间”，以及“逐步增加专家评审组中的女性成员人数”；2012 年新设立“优秀青年科学基金”项目时，将女性科研人员申请“优秀青年科学基金”项目的年龄设为未满 40 岁（男性为未满 38 岁）（赵延东等，2016）。

应该看到，女性科学家特别是高层次女性科学家稀缺是客观现实，青年海外高层次学术海归中女性比例偏低就不足为奇。国家自然科学基金委员会支持女性科学家成长发展的政策受到了女性科学家的一致欢迎和好评，但是也没有办法改变科学社会中男性占主导地位的局面。值得关注的是，我国女性研究生的比例维持在50%左右，其中能够进入高层次科技队伍的人员远低于这个水平，显然不是教育和培养的问题，可能还涉及女性个人兴趣、职业规划和社会交往等更深层次的社会因素。

3.1.2 年龄特征

科学研究是一种生产知识的创造性劳动，比任何一种物质生产劳动都更需要旺盛的精力和创造力。因此，科学家不可能在人生的每一个阶段都保持非常旺盛的创造力，为此，找到科学家产生重大科学发现的最佳年龄区，对于人才工作具有重要的现实意义。

赵红州（1979）对科学史上杰出科学家产生重大科学成果时的年龄进行研究发现，杰出科学家做出重大贡献的最佳年龄区在 25~45 岁，峰值年龄为 37 岁，首次贡献的最佳成名年龄为 33 岁左右。刘俊婉（2018）对诺贝尔奖获得者重大科学发现年龄 Lognormal 分布进行研究发现，杰出科学家取得重大科学发现的年龄分布是一种右偏分布，大部分杰出科学家取得重大科学发现的年龄集中在 31~45 岁，人数比例为 64%，30 岁以下取得重大科学发现的人数比例为 17%，45 岁以后取得重大科学发现的人数比例是 19%。

显然，对科学家做出重大研究发现的最佳年龄区进行研究发现，青年人才是最具有创新活力和发展潜力的高层次人才，为此青年学术人才也是人才引进的重点。根据“青年海外高层次人才引进计划”的要求，其主要面向自然科学或工程技术领域、年龄不超过 40 周岁的年轻学者（表 3.2）。实际上，从年龄分布看，青年海外高层次人才主要集中在 31~35 岁，每批次占比超过 50%，其中第四批次占比高达 60.54%。与 30 岁及以下的入选者相比，这个年龄段的青年海外高层次人才有了一定的知识积累和社会网络，具备更显著的人力资本效应和社会资本效应；与 36 岁及以上的入选者相比，这个年龄阶段的青年海外高层次人才更具有创造活力和创新激情，职业发展空间和发展潜力更大。也就是说，超过 60%的海外高层次人才选择了 35 岁之前就海归，而接近 40 岁的学者回归得并不多。

表 3.2　“青年海外高层次人才引进计划”入选者年龄分布

批次	26~30 岁		31~35 岁		36 岁及以上		总计
	数量/人	占比	数量/人	占比	数量/人	占比	
第一批	10	6.58%	79	51.97%	63	41.45%	152
第二批	15	6.79%	114	51.58%	92	41.63%	221
第三批	14	7.87%	106	59.55%	58	32.58%	178
第四批	13	7.03%	112	60.54%	60	32.43%	185
第五批	13	3.27%	221	55.53%	164	41.21%	398
第六批	43	6.45%	388	58.17%	236	35.38%	667
总计	108	6.00%	1 020	56.64%	673	37.37%	1 801

青年海外高层次人才与一般海归相比，在年龄上并不具备优势。教育部留学服务中心 2014 年 11 月 26 日发布的《2014 年中国留学回国就业蓝皮书》①显示，

① 蓝皮书数据源于 2013 年留学服务中心办理就业落户、国外学历学位认证数据，以及留学服务中心设立在除西藏以外的我国各分中心、学历学位认证验证机构的数十万份数据。

越来越多的留学人员选择回国就业，海归日趋年轻化；留学回国人员年龄在22~34岁的，占全部留学回国人员的95%，有接近7成的留学回国人员年龄分布在22~26岁。《聚焦新时代、新起点、新展望下的在沪海归青年调研报告》显示，上海留学回国人员平均年龄为27岁，其中20~29岁年龄段占87%，30~39岁年龄段占12%，累计占比99%。

留学回国人员日趋年轻化表现如下：获得硕士学位留学回国人员占63%，平均年龄为26.63岁；具有学士学位的回国人员占30%，平均年龄为25.53岁，这个群体主要是高中出国读大学；具有博士学位的回国人员仅占6%，平均年龄为34.73岁。青年海外高层次人才的平均年龄显著高于一般海归，海归年轻化意味着高层次海归数量比较少。作为具有博士学位的海外高层次人才，年龄集中在31~35岁，是博士群体里面相对较年轻的群体。40岁可以说是海归的上限，超过40岁的海外高层次人才在海外的生活基本稳定，家庭和事业也基本进入舒适期，此时选择海归的人非常少。

一个值得关注的现象是，历史上科学发现最佳年龄越来越大。赵红州的解释是，由于人类知识数目的增长，科学发现困难程度增加，导致多产的杰出科学家人数逐渐减少（赵红州，1979）。本书认为可能还存在其他两个方面的原因：一是，知识数目的增长使科学家发表论文的数量不断增长，科学家发表论文的数量不断增长带来了一系列负面的结果，大量的人力和物力用于生产没有推进科学前进的重复知识，新知识被淹没在知识海洋里，搜索成本大幅度增加，这些都不利于科学研究的突破；二是，科学的建制化让原本兴趣驱动的科学研究变成了一种功利性的职业，要从事科学家职业必须经历漫长的教育和训练，而进入职业岗位之后也缺乏兴趣驱动的纯科学研究，更多的是作为一种职业。

田人合等（2019）针对杰出青年科学家资助年龄对资助效果影响的研究发现，杰出青年科学家存在显著的大龄化趋势，并且存在45岁现象，“资助年龄越大，资助效应越好”的比例占近30%；部分杰出青年基金没有资助科研创新能力更强的中青年科学家，使他们错过了科研创造力最旺盛的黄金年龄，反而资助科研创新能力较弱的大龄申请者，导致资源浪费。然而，徐飞和陈仕伟（2012）比较2001~2010年中国科学院新增院士与诺贝尔奖获得者的平均年龄后发现，中国杰出科学家群体正在走向年轻化，而诺贝尔奖获得者则呈现年长的趋势。当然，中国科学院院士与诺贝尔奖获得者是否具有可比性，仍然值得讨论。

作为青年海外高层次人才，年轻仍然是足够吸引人的标签。实际上，从科学史上杰出科学家做出重大科学发现的年龄的角度而言，目前引进的海外高层次人才正处于科学研究的黄金年龄，而是否能够取得重大科学发现，年龄只是提供了一个生理必要条件。为此，无论是年轻化也好，老龄化也罢，对科学家群体而言，这种趋势难以在短期内通过单一政策进行调整，具体涉及教育系统改革（如教育年限缩短）、科学评价机制改革（如减少发表数量、提高发表质量、运用代表作评价）等；对科学家个体而言，申请基金项目、优秀青年、杰出青年等可能会有各种年龄限制，但是开展科学研究年龄不是最主要的决定因素，坚持自己的学术理想并持续努力才是正确方向。

3.2 青年学术海归的学科和单位特征

3.2.1 学科特征

学科是相对独立的知识体系，目前知识划分为五大门类：自然科学、农业科学、医药科学、工程与技术科学、人文与社会科学。我国高校本科教育专业设置的学科分为 13 个门类：哲学、经济学、法学、教育学、文学、历史学、理学、工学、农学、医学、军事学、管理学、艺术学。“青年海外高层次人才引进计划”要求候选人属自然科学或工程技术领域，这里的自然科学是广义的自然科学，包括农学和医学相关方向，并不包括人文与社会科学。

青年海外高层次人才的申报与入选领域与我国高等学校本科教育专业设置的学科目录并不完全对应，而是根据相关研究领域进行了划分。从学科领域来看（表 3.3），前 6 批共有工程与材料科学、化学、环境与地球科学、数理科学、信息科学、生命科学 6 个学科，其中工程与材料科学和生命科学的“青年海外高层次人才引进计划”入选比例较高，合计在 50%左右。工程与材料科学一直在 20%以上，最高达到 27.63%，生命科学前四批一直处于上升趋势，最高时为 31.89%。数理科学和化学的比例相对而言比较低，合计在 30%左右。通过以上数据可以发现，应用学科和新兴学科高层次人才引进强度比较大。

表 3.3 “青年海外高层次人才引进计划”入选者学科领域分布

批次	工程与材料科学		化学		环境与地球科学		数理科学		信息科学		生命科学		总计
	数量/人	占比	数量/人	占比	数量/人	占比	数量/人	占比	数量/人	占比	数量/人	占比	
第一批	42	27.63%	23	15.13%	13	8.55%	22	14.47%	24	15.79%	28	18.42%	152
第二批	55	24.89%	28	12.67%	25	11.31%	38	17.19%	23	10.41%	52	23.53%	221
第三批	40	22.47%	22	12.36%	11	6.18%	34	19.1%	25	14.04%	46	25.84%	178
第四批	50	27.03%	21	11.35%	10	5.41%	28	15.14%	17	9.19%	59	31.89%	185
第五批	97	24.37%	52	13.07%	33	8.29%	59	14.82%	45	11.31%	112	28.14%	398
第六批	160	23.99%	106	15.89%	44	6.6%	92	13.79%	79	11.84%	186	27.89%	667
总计	444	24.65%	252	13.99%	136	7.55%	273	15.16%	213	11.83%	483	26.82%	1 801

环境科学是一门研究环境的地理、物理、化学、生物四个部分的交叉学科；地球科学是以地球系统（包括大气圈、水圈、岩石圈、生物圈和日地空间）的过程与变化及其相互作用为研究对象的基础学科，包括地质学、地理学及其他衍生学科。环境与地球科学主要是对人类生存的空间展开研究。信息科学是研究信息运动规律和应用方法的科学，是由信息论、控制论、计算机理论、人工智能理论和系统论相互渗透、相互结合而成的一门新兴综合性科学。环境与地球科学属于传统学科，比例相对比较低，仅有 7.55%；信息科学作为新兴的热门专业，比例仅有 11.83%，可能很多博士毕业生选择去工业界而不是学术界工作，一个重要原因是两者之间的薪水差距较大。

青年海外高层次人才引进主要受到两个方面因素的影响：一个是供给；另一个是需求。《2014 年中国留学回国就业蓝皮书》指出，留学回国人员中，选择工商管理和应用经济学的学生几乎占到总数的一半。硕士和学士层面留学生的专业选择比较集中，经济、金融受追捧，回国就业时会加剧竞争。显然，硕士经济、金融和管理相关专业的学生供大于求。博士层面留学生供给数量相对比较少，专业主要集中在自然科学和工程等领域。Xie 和 Freeman（2020）研究发现，中国出生的海外科学家和工程师通过其科学工作的卓越数量和质量，以及与中国研究人员的独特联系，为全球科学做出了贡献。具体表现在海外中国学者的研究论文在全球科学论文中所占的比例相当大，而且还在不断上升，每篇文章的被引用次数超过平均水平，在 Scopus CiteScore 高的期刊中发表率也高于平均水平。

从需求角度而言，无论是传统数理化领域，还是新兴的生命科学和信息科学领域，以及应用导向的工程材料环境等领域，中国高校和科研院所都有大量高层次学术人才的需求，几乎所有的机构每年都会出台“××大学××××年海内外高层次人才招聘启事”。以中国科学院某研究所为例，其在“中科院××××研究所 2020 年海内外高层次人才招聘启事”中明确提出，根据研究所科技发展需要，现面向全球诚聘各类高层次人才。如果说中国科学院研究所还比较聚焦在某一个领域，“××大学 2020 年高层次人才招聘”则提出招聘数理科学、化学、环境与地球科学、信息科学、工程与材料科学、生命科学、经济与管理等学科领域。

从供给和需求分析来看，青年海外高层次人才供给质量和需求要匹配，关键在于在高质量的人才供给中选择哪些人才，为此学科专业结构在很大程度上取决于供给中转化为有效供给的结构，而这又取决于相关学科专业人员在海外和国内发展的前景和空间。

3.2.2 单位特征

“青年海外高层次人才引进计划”项目由中央组织部牵头设立，由教育部、科学技术部、人力资源和社会保障部、中国科学院、中国工程院、国家自然科学基金委员会联合设立平台组织申请和评审工作，但是项目的申报主体为国内高校、科研机构（含转制科研院所）。为此，高校和科研院所作为用人单位对于青年海外高层次人才的选择至关重要，所有的政策落实、科研条件和生活保障都由入选单位负责。

从“青年海外高层次人才引进计划”申报单位看（表 3.4），高校和科研院所是引进青年海外高层次人才的主力军，占比分别为 79.40%和 19.21%，企业仅占 1.39%。中国科学院以引进青年海外高层次人才 267 人位居首位，其次是清华大学、中国科学技术大学、北京大学、浙江大学等双一流高等院校。中国科学院内设 139 个机构，入选者数量最多并不为奇。在其余 9 所高校中，前 7 所均为 C9 高校，其余两所高校为华中科技大学和同济大学（表 3.5）。

表 3.4 “青年海外高层次人才引进计划”入选者申报单位属性分布

指标	科研院所	高校	企业	总计
数量/个	346	1 430	25	1 801
占比	19.21%	79.40%	1.39%	100%

表 3.5 “青年海外高层次人才引进计划”入选者申报单位 TOP10

单位名称	数量/人	占比
中国科学院	267	14.83%
清华大学	112	6.22%
中国科学技术大学	106	5.89%
北京大学	98	5.44%
浙江大学	80	4.44%
南京大学	78	4.33%
上海交通大学	69	3.83%
复旦大学	58	3.22%
华中科技大学	42	2.33%
同济大学	38	2.11%

青年海外高层次人才选择海归时，入选单位的科研实力和学校层次，以及入选单位所在地理位置均是重要的考量因素。清华大学和北京大学地处北京，上海交通大学和复旦大学地处上海，南京大学和浙江大学地处经济发达的长三角地区；哈尔滨工业大学和西安交通大学虽然也实力雄厚，但是东北和西北的地理位

置不利；广州和深圳虽然经济发达、地理位置优越，中山大学和华南理工大学等也是双一流高校，但是与C9的吸引力相比仍然有一定差距。华中科技大学和同济大学两所学校的入选者数量相当，其中华中科技大学现有专任教师 3 400 余人，同济大学拥有专任教师 2 803 人，从规模上而言，同济大学在吸引海外人才上更有优势。同济大学位于上海，属于 E9[①]高校，比位于武汉的华中科技大学更有吸引力。

中国科学技术大学的入选者数量与清华大学相当，高于其他所有高校，可以认为是一个非常不寻常的存在。根据学校官方网站的数据，截至 2019 年 12 月，中国科学技术大学教学与科研人员 2 244 人；清华大学教师 3 565 人，两者在教师规模上有一定差距。此外，中国科学技术大学位于安徽省合肥市，由中国科学院、教育部和安徽省三方共建，虽然安徽也属于大长三角范围，但是与江苏和浙江相比仍有一定的差距。中国科学技术大学在高层次人才引进方面的优势在很大程度上取决于两个方面：一是，中国科学技术大学的毕业生出国留学的比例很高，有大量的海外学术校友（根据不完全统计超过 1 000 人），校友关系是海归的重要纽带；二是，中国科学技术大学非常重视高层次人才工作，两院院士等高层次人才不重复统计共有 473 人，约占固定教师总数（1 315 人）的 36%；青年人才占高层次人才（其中包括海外高层次人才）的 55%。

通过对“青年海外高层次人才引进计划”入选者申报单位 TOP10 的统计，我们可以看出以下几个方面的特点。

一是，青年海外高层次人才回归后单位的选择比较集中，主要是国内顶级的科研院所（中国科学院系统）和双一流高校中的头部大学，“马太效应”非常显著。顶级科研院所和大学培养了最优秀的学生，这些优秀学生在海外最好的大学学习，学成之后选择回到母校工作也在情理之中。

二是，青年海外高层次人才仍然比较注重学科平台和未来的发展。我国前 3 所高校及高校联盟的研发经费集中度与美国相当，但是前 30 所高校研发经费集中度与美国存在显著差距，美国高水平研究型大学群体（前 30）的整体实力相差不大，研发经费配置整体比较均衡，而中国高水平研究型大学群体分化非常明显，头部大学和中后部大学之间的差距较大（孙玉涛等，2020）。对其他双一流高校而言，大规模引进青年海外高层次人才是缩小差距的重要方法。为了更好地引进青年海外高层次人才，高校应该更注重自身基础设施的建设、科研水平的提升，缩小学术差距，吸引更多的青年海外高层次人才。

---

① 卓越大学联盟（Excellence 9，E9），全称卓越人才培养合作高校联盟，是由 9 所工业和信息化部与教育部直属的世界一流大学建设高校组成的高校联盟。成员包括北京理工大学、重庆大学、大连理工大学、东南大学、哈尔滨工业大学、华南理工大学、天津大学、同济大学、西北工业大学。

三是，地理位置仍然非常重要。青年海外高层次人才选择海归某一个单位，不光要工作，还要生活，需要考虑家庭的因素，所以科研院所和大学所在的地理位置就显得格外重要。目前来看，北京和长三角地区具有明显优势，既有机构优势，也有地理位置的经济社会文化优势。长三角地区具有深厚的人文传统，江苏、上海和浙江出产了中国最多的两院院士，超过全国的一半。

3.3 青年学术海归的博士学位授予及海外任职特征

青年学术海归的任职及获得博士学位情况对其未来的职业发展非常重要，本节主要关注任职国家和地区及任职单位，以及博士学位授予国家和地区及博士学位授予单位。

3.3.1 博士学位授予及海外任职国家和地区

当前，获得博士学位是进入学术研究的基本条件。博士是标志一个人具备出原创成果的能力或学力的学位，是目前最高级别的学位，拥有博士学位意味着一个人有能力由学习阶段进入学术阶段。与此同时，博士期间是青年学术人才创造力的黄金时期，也是真正获得重要科学发现的关键时期。我国自 20 世纪 80 年代开始建立硕士、博士学位制度，各院校相继大量招录研究生，学位制度全面趋于完善、成熟。应该看到，我国博士学位制度的建立时间还比较短，学术人才培养的质量还有待进一步提升。

从“青年海外高层次人才引进计划”入选者主要博士毕业国家来看，入选者主要毕业于中国和美国，占比分别为 41.25%和 39.64%，此外，还包括英国、新加坡、德国、加拿大和日本等国家（表 3.6）。在中国和美国获得博士学位的入选者最多，可能有以下几个方面的原因。

表 3.6 “青年海外高层次人才引进计划”入选者主要博士毕业国家

博士授予国家	数量/人	占比
中国	743	41.25%
美国	714	39.64%
英国	67	3.72%
新加坡	61	3.39%
德国	44	2.44%
加拿大	36	2.00%
日本	35	1.94%

一是，“青年海外高层次人才引进计划”要求在海外知名高校取得博士学位，并有3年以上的海外科研工作经历，实际上很多在中国高校或者科研院所获得博士学位的入选者并不符合这一条件，可能是这些入选者学术业绩突出而获得了破格录取的机会，也可能是遴选过程中将“并”变成了“或”。

二是，如果“青年海外高层次人才引进计划”具有统一的学术标准，中国高校或者科研院所毕业的博士与国外高校毕业的博士水平相当，那么说明中国的博士培养质量获得了很大程度的提升。

三是，在很长一段时间，美国是中国学生出国留学的首选，培养了大量中国学生；而且国内科研院所与大学对美国大学的博士培养质量也比较认可，所以入选者中美国毕业博士学位学生数量多不足为奇。

从“青年海外高层次人才引进计划”入选者任职国家及地区来看，前6批的“青年海外高层次人才引进计划”入选者有68.02%回流前在美国任职，其次是德国和英国，分别为5.61%和5.22%（表3.7）。所有在中国获得博士学位的入选者，都在欧美地区进行了博士后或者相关的研究工作。青年海外高层次人才主要来自欧美等科技强国，且很多都来自世界知名高校或企业，他们在海外学习和工作期间，接受一流学府的教育，积累了大量先进的前沿知识和技能，其人力资本水平普遍高于海内平均水平，其具有的世界一流大学的教学科研经验对高校的发展具有积极作用。

表3.7 “青年海外高层次人才引进计划”入选者任职国家及地区

任职国家及地区	数量/人	占比
美国	1 225	68.02%
德国	101	5.61%
英国	94	5.22%
新加坡	70	3.89%
日本	64	3.55%
加拿大	47	2.61%
澳大利亚	46	2.55%

3.3.2 博士学位授予及海外任职单位

如果说博士学位是一个领域原创和学术能力的最好体现，那么在什么单位获得博士学位直接决定了这种原创能力及学术能力的水平和未来潜力。

从“青年海外高层次人才引进计划”入选者博士毕业院校 TOP10 来看，毕业于中国科学院的入选者数量最多，为 267 人，然后依次是加利福尼亚大学、北京大学、清华大学、中国科学技术大学和新加坡国立大学等国内外一流院校（表 3.8）。TOP5 中有 4 所是中国院校：一是，中国高等教育水平进一步提高，越来越多的高层次人才由自己培养；二是，这些高校培养的人才也有出口转内销之嫌，是不是在海外工作 3 年就能从根本上提升其学术能力和学术潜力仍然值得讨论。上述分析在一定程度上也可以解释为什么中国科学院、清华大学、中国科学技术大学等引进的入选者最多，博士学习期间的学术关系和社会关系仍然是回归的重要纽带。

表 3.8 “青年海外高层次人才引进计划”入选者博士毕业院校 TOP10

博士授予机构	数量/人	占比
中国科学院	267	14.83%
加利福尼亚大学	67	3.72%
北京大学	64	3.55%
清华大学	56	3.11%
中国科学技术大学	43	2.39%
新加坡国立大学	33	1.83%
复旦大学	28	1.55%
南洋理工大学	24	1.33%
密歇根大学	23	1.28%
斯坦福大学	22	1.22%

通过对比“青年海外高层次人才引进计划”入选者申报单位（表 3.5）和博士毕业单位（表 3.8），我们发现具有海外校友资源的单位更容易引进海外人才，如中国科学院、北京大学、清华大学、中国科学技术大学在“青年海外高层次人才引进计划”入选者申报单位 TOP10 中位居前五，其在“青年海外高层次人才引进计划”入选者博士毕业院校 TOP10 中分别位居第一、第三、第四、第五名。现有研究表明校友联系对海外科学家的回归具有显著正向影响，并且校友联系在通过加强海归科学家追求高质量研究的动机来实现亲社会行为方面发挥了重要作用，并且打“校友牌”也成为高校吸引海外高层次人才广泛使用的策略之一（Li et al.，2015）。大多数高校，特别是顶级高校，都非常重视与海外校友的联系，通过联合研究项目、学会交流项目等举措加强联系，激励校友回到母校担任全职教师。

衡量青年学术人才学术能力的另一个重要指标是其回流前任职单位的学科排名。一般来说，世界 TOP100 的高校对于学术人才的学术能力水平要求比较高，青年学术人才在世界TOP100高校任职是一项重要的学术成就与荣誉。青年海外高层次人才回流前任职单位排名TOP10的统计分析（表3.9）显示，1~6批入选者中回流前任职单位都是世界TOP100高校。青年海外高层次人才具有世界一流学府教学或者科研经历，学术能力基础好，科研实力较强。

表3.9 “青年海外高层次人才引进计划”入选者回流前任职单位TOP10

任职单位	数量/人	占比
加利福尼亚大学	141	7.83%
哈佛大学	72	4.00%
斯坦福大学	51	2.83%
麻省理工学院	39	2.17%
耶鲁大学	32	1.78%
南洋理工大学	28	1.55%
得克萨斯大学	25	1.39%
密歇根大学	23	1.28%
新加坡国立大学	20	1.11%
普林斯顿大学	17	0.94%

总体而言，学术海归的博士学位授予单位和任职单位之间具有很强联系，如果在美国高校获得博士，可能更愿意在美国任职。正如前文所言，国内高校在引进海外人才时，应该充分发挥社会关系的作用。青年学术人才拥有的关系纽带一般是指在本科或者博士学习期间与学校老师建立的学术联系、与学校建立的情感联系和文化联系等。作为社会中的一员，每个学术海归身上都附带着毕业院校、师徒关系、校友纽带等基于共同社会身份认同而形成的关系纽带。青年学术人才形成的学术关系网络有助于克服海外经历带来的跨文化冲突，降低创新过程中隐性知识的转移成本，提高知识转移效率，对其未来职业发展起到重要作用，所以青年海外高层次人才返回本科或博士毕业院校工作，无论是对自己的职业发展还是对高校的发展都有积极正向影响。

3.4 青年学术海归的田野调查情况

为了建立对青年海外高层次人才的感性认识和加强对现实情况的了解，我们在进行数据统计分析的同时，2013年在国内大连、天津等地开展了田野调查，对部分已经回归的青年海外高层次人才和他们的同事进行访谈。在访谈之前，一共通过电子邮件发送了17份邀请，其中5位被邀请人回复同意接受访谈，5位中的其中 1 位当天有事，没有能够访谈成功；3 位被邀请人回复因各种原因而不接受访谈；其他 9 位被邀请人没有任何回音（表 3.10）。

表 3.10　青年海外高层次人才预约访谈情况表

人员编号	是否海归	不回复	回复拒绝	回复同意	备注
1	是			☆	
2	是	☆			外籍
3	否	☆			海外高层次人才同事
4	是			☆	
5	是	☆			
6	是		☆不方便		
7	是	☆			
8	是	☆			
9	是			☆	
10	否			☆	海外高层次人才同事
11	否	☆			海外高层次人才同事
12	是		☆时间太长		
13	否	☆			海外高层次人才同事
14	是		☆出差，没时间		
15	是	☆			
16	是	☆			
17	是			☆	临时有事，取消访谈

美国著名社会科学家朱克曼在 1977 年出版的《科学界的精英——美国的诺贝尔奖金获得者》一书中提到与美国诺贝尔奖获得者中的五分之四的人进行了交谈（当时在美国工作的 56 位获奖人中的 41 位）。英国诺丁汉大学曹聪教授在 2004 年出版《中国的科学精英》一书及他的博士论文中提到，在研究过程中访谈了 79 名中国科学院和中国工程院的院士。

在第一轮邀请的反馈和访谈之后，本书认为想通过科学社会学田野访谈的方法开展青年海外高层次人才的研究难度很大，为此将研究重点从定性调查研究转为定量分析研究。当然，很多被邀请人不接受邀请，没有办法访谈到那么多的入选者，原因可能是多方面的。首先，青年海外高层次人才的确不同于诺贝尔奖获得者或者院士，仍然处于事业的爬坡期，没有时间接受访问，也没有太多接受访问或者采访的经验；其次，青年海外高层次人才或者其同事可能认为青年海外高层次人才政策本身比较敏感，不方便接受访问；最后，或者可能还有其他原因，如邀请人资历太浅（笔者当时还是讲师）等。这里就访谈到的几位青年海外高层次人才的情况，做一个简单的报告，有助于大家对青年海外高层次人才回国之后的状态有一个感性认识。

3.4.1 青年学术海归的动因及选择

（1）您为什么选择海归？海归和“海外高层次人才引进计划”之间有多少关联性（学术因素、家庭因素、语言文化因素等）？

就这个问题，受访人主要有几个方面的考量：一是，个人职业生涯考虑。在海外拿到正式职位（tenure-track）之前需要做很长时间的博士后，短期内难以独立开展研究。与此同时，在海外找教职的难度越来越大，美国和加拿大等好的大学，一个教职会有上百人甚至两三百个人来应聘。中国人母语是中文，语言在求职时是劣势。考虑到年龄和家庭因素，回国之后可以直接进入教学科研岗位，从讲师、副教授甚至教授开始做起。海归博士回国内高校待遇比本地博士好。

二是，家庭方面的因素。受访人的配偶选择回国发展，为了避免两地分居和孩子的教育，选择一起回国发展。受访人没有认为“海外高层次人才引进计划”是其海归的主要原因，但是“海外高层次人才引进计划”加快了他们回国的进程。

三是，文化和归属感。“好山、好水、好无聊”是很多受访者对国外生活的描述。美国和欧洲的很多大学都在小城市，生活单调无聊。虽然生活上没有物质方面的压力，但是很难真正融入当地社会和社区，完全没有归属感。近年来，国内自然环境不断改善，好山、好水、不无聊的生活更吸引人。

（2）您博士毕业之后为什么选择到海外工作？为什么选择出国读博士学位？

受访人选择出国攻读博士学位一方面是觉得国外的教学科研水平更高，另一方面是国内高校和科研院所更倾向招聘具有海外背景的毕业生。博士毕业之后，由于学术环境、生活和工作条件、人际关系等因素，如果能在海外找到工作，更愿意留在海外工作。

（3）您为什么选择大连或者天津等二线城市，而不是上海或者北京等一线城市？

受访人回国在选择地点和单位时，有两个重要的因素作为考量：第一，地点方面主要考虑沿海城市或者家乡附近的大城市，这样生活、教育和医疗等各方面有保障，距离家里的亲人比较近；虽然北京和上海是很多高层次人才的重要选择，但是大连和天津等二线城市也具有一定的吸引力。第二，单位方面优先考虑母校和重点大学，学术联系仍然是海归学术人员选择工作单位的首要考量，重点大学的平台有利于后续开展工作。

魏立才（2019）的定量研究也指出，城市级别对人才流动的影响较大，城市级别越高意味着城市影响力越大、交通越便利，就越有利于开展国内外学术交流与合作。虽然北京、上海对青年海外学术人才的吸引较强，聚集了大量高质量人才，但大连、青岛、武汉、合肥、长沙、重庆等区域性城市也聚集了大量回国人才。

3.4.2 青年学术海归的市场竞争力

学术人员在学术市场的竞争力是指学术人员博士毕业之后在学术市场获得固定工作职位的能力。为了对“青年海外高层次人才引进计划”入选者的市场竞争力进行调研，本节选择了前 4 批生命科学领域的入选者作为样本，研究入选者博士毕业之后在美国学术市场获得 Tenure 和 Tenure-track 职位的情况，见表 3.11 和表 3.12。

表 3.11 生命科学领域“海外高层次人才引进计划”入选者获得博士学位国家及地区

毕业国家及地区	第一批		第二批		第三批		第四批		合计	
	人数/人	占比	人数/人	占比	人数/人	占比	人数/人	占比	人数/人	占比
中国	7	25.00%	25	48.08%	28	60.87%	21	36.84%	81	44.26%
美国	17	60.71%	18	34.62%	13	28.26%	27	47.37%	75	40.98%
其他	4	14.29%	9	17.31%	5	10.87%	9	15.79%	27	14.75%
合计	28	100%	52	100%	46	100%	57	100%	183	100%
TOP100	10	47.62%	18	66.67%	9	50%	18	50%	55	53.92%

注：TOP100 是指上海交通大学生命科学领域 TOP100 大学毕业生数量及占海外毕业生的比例

表 3.12 生命科学领域“海外高层次人才引进计划”入选者学术质量分析

美国学术市场获得博士学位的年限	1997 年	1999 年	2001 年	2003 年	2006 年	2008 年
小于 3 年	9.3	7.7	8.6	7.8	7.2	6.5
3~5 年	18.1	16.4	14.3	15.5	13.7	14.3
合计	27.4	24.1	22.9	23.3	20.9	20.8
在美国获得博士学位入选者	1997~1999 年	2000~2001 年	2002~2003 年	2004~2006 年	2007~2011 年	合计
人数/人	1	0	6	31	37	75
博士毕业年限/年	15	0	9.17	6.32	3.297	
Tenure 或 Tenure-track 人数/人	1	0	1	5	1	8
占比	100.00%	0	16.67%	16.13%	2.70%	10.67%
在中国获得博士学位入选者	1997~1999 年	2000~2001 年	2002~2003 年	2004~2006 年	2007~2011 年	合计
人数/人	0	9	19	33	17	78
博士毕业年限/年	0	11.22	9.25	6.94	4.76	

续表

在中国获得博士学位入选者	1997~1999 年	2000~2001 年	2002~2003 年	2004~2006 年	2007~2011 年	合计
Tenure 或 Tenure-track 人数/人	0	1	1	4	1	7
占比	0	11.11%	5.26%	12.12%	5.88%	8.97%

注：生命科学领域博士毕业生在生物、农业和环境生命科学领域获得 Tenure 和 Tenure-track 职位的比例

数据来源：National Science Foundation，National Center for Science and Engineering Statistics，Survey of Doctorate Recipients（1993-2010），http://sestat.nsf.gov；在中国获得博士学位的入选者中有 3 人归国前单位不在美国，所以将他们删除

Tenure-track 制度又称为"预聘-长聘"或者"准聘-长聘"制度，是美国大学教授聘用的一套制度体系。1915 年，美国大学教授协会（American Association of University Professors，AAUP）首次发表《关于学术自由和终身教职的原则声明》，提出学术自由与教授任职的声明。此后，终身教职（Tenure）作为学者们自由从事科研教学活动的制度安排，逐步被高等教育系统广泛采用。博士毕业之后一旦选择进入"终身轨"（Tenure-Track）就会面临"非升即走"（up-or-out）的压力，而获得 Tenure 也意味着长期而稳定的职位与收入（李子江，2003）。2014 年底，清华大学和北京大学获批的综合改革方案，开始采纳实施预聘-长聘制度。

在美国学术劳动力市场，从博士毕业到进入 Tenure-Track 这段时间大部分学生都是从事类似博士后的临时性工作，其中包括了很多头衔，如 Assistant Research Professor、Associate Research Professor 等，只有进入 Tenure-Track 序列之后，即达到 Associate Professor 之后，经过若干年的努力，才有可能拿到终身职位。为此，对于获得博士学位的研究人员而言，能够进入 Tenure-Track 序列或者拿到 Tenure 绝对是学术水平和能力的证明。

与 3.3.2 小节"青年海外高水平人才引进计划"入选者类似，本节研究进一步梳理了前 4 批生命科学领域"海外高层次人才引进计划"入选者获得博士学位国家及地区（表 3.11）。"青年海外高水平人才引进计划"具有非常显著的"出口转内销"模式，大约 44.26%是在中国获得博士学位之后到海外开展博士后研究，其中在美国获得博士学位的占 40.98%。在海外获得博士学位的学者中，53.92%的"青年海外高水平人才引进计划"入选者来自生命科学领域 TOP100 的大学。整体而言，在海外获得博士学位的入选者，具有非常好的教育经历和学术训练。

在美国获得博士学位的入选者和几乎所有在中国获得博士学位的入选者都在美国学术就业市场竞争（仅有 3 位回流前任职单位不在美国），获得 Tenure 和 Tenure-track（Associate Professor and Assistant Professor）职位的情况是学术质量的重要表征。表 3.12 分别呈现了生命科学领域一般博士毕业生、在美国获得博士

学位的入选者以及在中国获得博士学位的入选者在美国学术劳动力就业市场获得Tenure 和 Tenure-track 职位的情况。

可以看出，在美国获得博士学位的人才计划入选者获得 Tenure 和 Tenure-track 职位的比例低于美国这一领域同期毕业博士的平均水平（毕业时间更长，但是获得职位的比例更低），入选者平均比例只有 10.67%，而美国获得 Tenure 和 Tenure-track 职位的比例约为 20.8%。在中国获得博士学位的人才计划入选者获得 Tenure 和 Tenure-track 职位的比例低于在美国获得博士学位的入选者。

由此，本节可以初步验证访谈中部分入选者的观点，“青年海外高层次人才引进计划”入选者在美国学术市场缺乏竞争力，真正在学术劳动力市场上具有竞争优势的人并不倾向回流，即使入选人才引进计划最后也没有全职回国。同时应该看到，在一般意义上而言（不包括个别特例），在美国获得博士学位的入选者在学术就业市场的竞争力要强于在中国获得博士学位的入选者，在中国获得博士学位的入选者的竞争力要强于没有在中国获得博士学位而在海外开展合作研究的学术人员。

3.4.3　青年海外人员引进计划效果

（1）您怎么看“青年海外高层次人才引进计划”等国家人才政策，以及本单位的“青年海外高层次人才引进计划”入选者？

受访者（“青年海外高层次人才引进计划”入选者的同事）认为“青年海外高层次人才引进计划”等政策推进不利于科学研究。一是，“青年海外高层次人才引进计划”入选者等政策让少数人占有大量资源，不利于科技资源有效合理配置；二是，这些计划的出台，并没有整体上改善科研环境，甚至恶化了科研环境，让科研人员不能安心从事科研工作；三是，有些人进入各种人才计划就是为了获取资源，或者说为了钱，也不利于后续研究工作的开展。

在谈到如何看待本单位的“青年海外高层次人才引进计划”入选者时，受访者指出：第一，与青年海外高层次人才接触比较少，对其学术研究和成果不甚了解；第二，作为低职称的青年教师，对于单位进人没有知情权和话语权，可能也谈不上有评价的资格。受访者还谈到最近有一位海外学者准备海归到大连，大连本地人，申请海外高层次人才没有成功，还在犹豫要不要回国。

（2）您在回国工作中是否遇到一些障碍或者不适应的问题，如经费使用、研究生招生、项目申请，在生活环境方面，如家人就业和入学等？

受访者指出虽然入选“青年海外高层次人才引进计划”，但是在回国初期仍然遇到很多挑战。一是，研究生招生指标非常稀缺，作为新人，招生名额不足，难以建立自己的团队；二是，虽然入选“青年海外高层次人才引进计划”，除了科研启动经费、工资水平比国内老师高，但是与在海外工作相比，工资收入太少，生活质量有所下降；第三，本校留校的学生有导师的指导和扶持，研究工作的延续性也比较好，和他们相比，海归之后所有的工作都需要自己独立做。

此外，青年海外高层次人才长期在国外学习和工作，回国后对国内长期以来形成的科技评价体制机制和学术环境氛围稍显不适。中央组织部的调查结果显示，49.0% 的高层次人才引进入选者认为“研究风气不好，把很多时间花在学术之外的‘公关’活动上”，45.9%的入选者认为“科研项目审批不透明，存在拉关系、走后门现象”（中央组织部人才工作局，2011）。赵吝加和黄园淅（2018）的调查结果显示，49.2%的入选者认为科研学术环境较差，42.2%的入选者认为所在单位的“评价体系对科研活动有不利影响”。

（3）您觉得国家或者学校在海外人才政策方面还有哪些地方不太完善，需要进一步补充和完善？

受访者指出部分政策制定者为了制定政策而制定政策，政策制定是为了政策制定者的业绩而不是推动业务发展，政策实施和政策效果的反馈回路没有建立起来，在实际工作中很多问题没有向上反映的通道。

受访者反映比较集中的问题是政策落实，也就是依托单位承诺的相关待遇，如实验室条件、子女入学、住房等落实比较缓慢，或者短期内难以落实。在中央组织部人才工作局、海外高层次人才引进工作专项办的问卷调查中，子女入学、住房（租房）都是政策落实情况不够满意的主要内容（中央组织部人才工作局，2011）。赵吝加和黄园淅（2018）的调查和本书研究的访谈有类似的结论，不少地方往往只管引进人才，而承诺给人才的优惠政策落实起来却困难重重。15.2% 和 13.5% 的入选者分别提到单位承诺的“提供科研启动金”“解决住房问题”等承诺一直没有兑现。

3.5 本章小结

本章收集和整理了 1~6 批“青年海外高层次人才引进计划”入选者的信息，从入选者的人口学特征（性别、年龄）、学科和单位特征、博士学位授予及海外任职特征，以及海归动因、市场竞争力及引进效果等方面的田野调查情况进行分析，总结了青年海外高层次人才的总体特征。

如果给“青年海外高层次人才引进计划”入选者做一个画像，那么我们可以进行以下描述：这个群体男性约占 90%，31~35 岁约占 60%；以应用导向的理工科为主，主要进入了中国科学院和 C9 高校；约 40%在中国获得博士学位、40%在美国获得博士学位；海归之前约 70%在美国任职，主要工作单位是世界名校。

入选者的学术竞争优势是比国外不足、比国内有余。无论是访谈还是数据分析，基本上支持本章的假设：一般意义上，“青年海外高层次人才引进计划”入选者中海归者在美国学术市场缺乏足够竞争优势，但是竞争力要强于国内同龄的学术人员；入选者中在美国获得博士学位的入选者又强于在中国获得博士学位的入选者。

“青年海外高层次人才引进计划”在落实的过程中，无论是入选者还是入选者所在单位的同事，均有不同程度上的不满意和不开心。入选者主要面临适应新环境和待遇兑现的问题，而入选者同事则面临更强的竞争者。

4 青年学术海归的学术特征研究

“青年海外高层次人才引进计划”作为一项公共政策，政策效果评估显得尤为重要。目前对于该计划的评估主要有以下几个方面的思路：第一，政府部门会宣布自计划实施以来，该计划引进了超过千名的海外优秀人才，当然对于是否优秀以及优秀到什么程度并没有详细的说明；第二，相关机构和学者通过对入选者的调查问卷反映的问题多少，评判人才引进计划是否有效，如果受访者都满意说明政策比较有效（中央组织部人才工作局，2011；赵吝加和黄园淅，2018）；第三，相关学者通过分析海外高层次人才回国对科研生产的影响，说明政策的有效性（魏立才和黄祎，2020）。

实际上，对于政策制定者而言，“青年海外高层次人才引进计划”的初衷是吸引海外高层次人才归国工作，政策有效的关键在于青年学术海归的学术特征。通过第3章的描述性统计分析和田野调查，可以初步认为，一般意义上，“青年海外高层次人才引进计划”入选者的平均学术水平低于美国同期学术就业市场参与者的平均水平，但是高于中国学术就业市场参与者的平均水平。本章试图从理论上建立青年学术海归学术特征模型，即什么样学术能力和学术联系的青年海外高层次人才愿意回国，而其他人员更愿意留在海外。

4.1 理 论 基 础

4.1.1 激励理论

“激励”即个体的某种需求一旦被满足，该个体就会自发地竭尽全力为给予满足感的组织目标服务，激励的根本在于寻找源自个体本身的内在需求，个体是否能够为组织目标而努力取决于个体需求是否得到满足。从理性经济人的假设出发，人的决策选择受激励因素影响，青年海外高层次人才是否选择海归，也需要考虑激励因素。

激励理论主要包括马斯洛的需求层次理论与赫茨伯格的双因素理论。这两个理论着重研究激发人们行为背后动机的各种因素。马斯洛的需求层次理论是激励理论中最基本、最重要的理论。马斯洛的需求层次理论认为，人类的需求经历着从低到高的五个发展阶段：生理需求、安全需求、感情归属需求（社交需求）、尊重需求及自我实现需求。该理论认为人对于需求的满足是一种由低到高的逐渐上升的过程，在满足高层次的需求之前必须先满足较低层次的需求。

赫茨伯格的双因素理论又称为激励保健理论，该理论认为影响人员对工作感情的因素主要有两类：第一类是激励因素，主要包括对工作本身认可、成就和责任等内在影响因素；第二类是保健因素，主要包括公司的政策、管理、技术监督、薪酬待遇、工作条件及人际关系等外在影响因素。

赫茨伯格的双因素理论与马斯洛的需求层次理论存在着诸多相似之处，保健因素即较低层次的需求，相当于马斯洛提出的生理需求、安全需求、感情归属需求（社交需求），而激励因素相当于马斯洛提出的尊重需求与自我实现需求。本章着重对中国青年学术人才海归学术特征开展研究，激励理论在一定程度上为分析青年学术人才海归行为选择提供了理论依据。

4.1.2　激励类型

无论是马斯洛的需求层次理论还是赫茨伯格的双因素理论都将激励进行了不同类型的划分。

（1）从激励内容可以分为两种类型，即物质激励和精神激励。物质激励用来满足人员的物质需求，是一种外在的激励形式；而精神激励是对人员精神和心理上的嘉奖与鼓励，是一种内在的激励形式。对于高层次人才引进政策体系来说，物质激励包括奖金、引进经费分拨、安家费、津贴与福利等，精神激励则包括拥有较高的职称、较好的科研团队归属、较高的海归名誉声望等。

除了物质激励和精神激励之外，感情因素是需要特殊说明的一点。通过学术或者社会关系建立起来的情感上的联系，可能并不能完全归为物质激励或者精神激励，但是对于海外人员而言，会有心理上的满足感，可以称为精神层面的保健因素。中国海外人才引进政策的实施存在相应的激励机制，既包含了薪资、生活条件等物质需求，又包含了职位升职、海归名誉等精神需求，Shapiro 和 Stiglitz（1984）、Aoki（1996）的激励理论认为，工资是人力资本重要的激励因素之一，并且随着个人工作经验和工作年限的上升而增加。

（2）从激励方式可以分为两种类型，即市场激励和组织激励。市场激励是指通过法律赋予对创造和保存特定知识做出贡献的人拥有该知识的财产权。这种奖励方式的特点是通过市场实施，即是否奖励、奖励多少及何时奖励均由市场决定。技术发明创造更多依赖于市场激励。

组织激励是指政府、非政府组织或个人对科学家研究成果的公益性激励，如政府设立的科技进步奖、诺贝尔奖、政府对科技和文化事业的投入、单位颁发奖金、提高工资待遇、晋升职称职务等。科学研究更多依赖于组织激励。知识的创造往往需要人、财、物和时间的巨大投入，需要承担失败的风险，需要创造者的艰苦付出。为鼓励知识的创造、丰富人类的知识宝库，组织需要对知识的创造者进行适当的奖励或补偿。具有社会公益性质的重大创新成果不采用市场激励方式而采用组织激励的方式。例如，对牛顿发现三大定律、爱因斯坦发现相对论等，都只采用组织激励方式，给予优先权和署名权。

4.1.3 科学奖励

科学奖励本质是一种精神奖励和组织奖励。科学奖励系统是默顿科学社会学研究的核心内容，也是科学规范论的重要组成部分。

默顿认为，科学奖励系统的本质是科学共同体根据科学家的角色表现来分配承认和荣誉。换言之，科学奖励主要是荣誉性的奖励，如美国国家科学奖，没有奖金；诺贝尔奖虽然有奖金，但是与市场激励相比也不多，其基本形式是对科学贡献特别是原创性成果的承认（徐梦秋和欧阳锋，2007）。

在《科学发现的优先权》一文中，默顿阐述了以姓氏命名、授予科学奖章（及奖金）、赋予荣誉称号三种形式的荣誉性承认。默顿认为，以姓氏命名可能是科学界中一种最持久，而且也许是声望最高的制度化的承认方式。

默顿对承认问题做了更一般的研究，主要是区分了荣誉性承认与工具性承认。荣誉性承认主要是指通过社会的公共机构或私人机构对已取得的成就所做的肯定评价。这种承认主要是对已取得的成就的奖励。工具性承认是指对一个人的品质、潜能的察觉、认可和开发。对于青年海外高层次人才工作而言，人才的遴选属于工具性承认，科学系统需要能够识别出人才的品质和潜能。青年海外高层次人才在接到邀约之后，考虑更多的是荣誉性承认，自己做的科学研究工作是否能够得到承认，如果不能得到荣誉性承认，可能再多的物质激励都不能吸引他们海归。

4.2 研究假设

4.2.1 学术能力与青年学术海归

学术人才跨国迁移理论研究以劳动经济学、经济地理学和人力资本理论等为基础，早期研究主要关注迁出国劳动力市场建模，后来逐步转移到人力资本积累的动力研究，运用“核心（少数人才迁入国）-外围（大量人才迁出国）”模型解释跨国人才流动的均衡（Commander et al.，2004）。根据 Stark 等（Stark et al.，1997，1998；Stark，2004）提出的跨国迁移三要素模型，新兴国家高学术能力人才受到更高收益的激励，倾向向发达国家迁移；高学术能力人才受到更高收益的激励，倾向留在发达国家。

以动态 Roy 模型作为基本框架，Dustmann 等（2011）构建了一个解释跨国迁移决策的模型，对于一些作为学习中心的国家（如美国），迁移者可以更有效率地学习技能；如果迁移者在学习中心国家能够更好地应用他们获得的技能，则倾向继续留在海外；留在海外还是回到母国的关键在于迁移者所学技能所能获得的收益。这在一定程度上可以解释，中国可以吸引大量科技创业人员全职回国，是因为持续的经济增长提供了庞大的市场和大量的机会；难以吸引优秀的科学家等学术人才全职回国工作，是因为不健全的科学研究环境仍然难以保障科学家获得良好的社会地位和学术声誉（Xin，2011）。

作为一个新兴国家，中国仍然是全球最大的人才流失国之一。大量学生选择出国学习先进的知识和技能，北美和欧洲的发达国家是中国学生主要留学目标国。这些留学目标国学术体制机制比较成熟，具有一整套完善的学术能力评估机制、学术人才薪酬体系和晋升机制，也就是科学组织奖励系统比较成熟；学术人才薪资水平比较高，已经形成了相对完善的学术人才就业市场，学术人才流动活跃，也就是科学市场激励系统比较成熟。比较而言，中国的学术发展水平、学术人才薪资水平与发达国家还有一定差距，学术人才优胜劣汰的良性竞争机制尚没有建立起来，学术人才就业市场还不成熟，学术人才流动性不强。

基于现有理论和中国实践，本节提出青年学术人才学术能力跨国迁移决策矩阵（图 4.1）。假设新兴国家平均薪酬水平低于发达国家，欧美发达国家的博士学位获得者在国内学术人才就业市场比国内博士学位获得者具有更高的认可度和竞争优势。

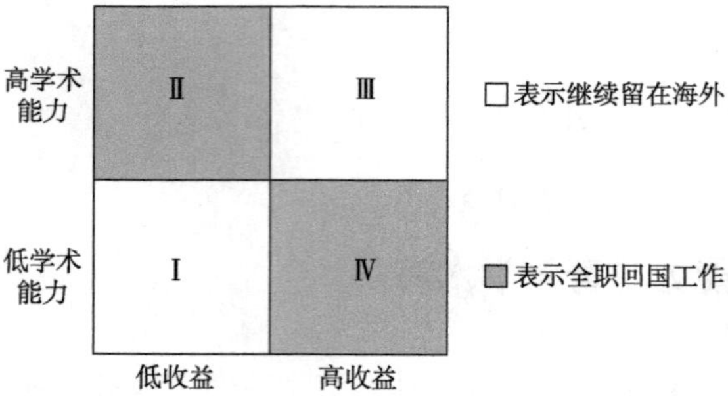

图 4.1 青年学术人才学术能力跨国迁移决策矩阵

低学术能力者在海外学术就业市场缺乏竞争优势，难以获得满意的职位，工作和生活的不确定性较强，继续留在海外工作的收益水平较低（第一象限）；回国之后，相对于在国内获得博士学位的青年学术人才，其海外经历仍然具有一定的竞争优势，整体收益水平要高于继续留在海外工作的收益水平，所以最优决策就是全职回国（第四象限）。

高学术能力者在国内和海外学术就业市场都具有竞争优势，但是在国内学术人才就业市场获得的薪酬收入和学术声誉较低，回国的整体收益水平不高（第二象限）；继续留在海外工作的收益水平要高于全职回国工作的收益水平，所以其最优决策是留在海外工作（第三象限）。

根据学术人才学术能力跨国迁移决策矩阵，海外学术人才引进政策的关键是弥补高学术能力人才海外收益和国内收益的差距，为海外学术人才提供广阔的职业发展空间、高水平的科研基础平台，与海外学术机构形成差异化竞争。

假设 4.1：在其他条件不变的情况下，具有高学术能力的青年学术人才更倾向留在海外工作，而不是回国工作。

4.2.2 学术联系与青年学术海归

新古典经济学迁移理论主要从个人层面分析人才跨国迁移问题。相较于新古典经济学迁移理论，人才迁移理论不再局限于从个人的决策行为对人才跨国迁移进行研究，更倾向从人才所处的家庭环境和社会关系等角度出发考虑问题。人才迁移理论认为迁出人才虽然在迁入国学习或工作，但仍旧与迁出国保持着长久稳定的联系，这种持续密集的联系使得在迁出国与迁入国之间形成了一个跨国社会关系纽带。跨国社会关系纽带不仅是一种信息渠道，同时也是一种情感激励或者心理激励的方式，其中包括信任等复杂的情感，海外高层次人才更愿意和与自己有社会关系或者学术关系的组织或个人接洽。

随着近年来经济活动活跃、经济增长强劲，作为人才流失大国的中国也呈现了大规模的人才回流。作为特殊的跨国迁移人才，青年海外高层次学术人才在求学和就业过程中，必然会与国内保持着各种联系，主要体现在以下两个方面。

一是情感因素。对于大多数的留学生来说，在国内的家人和朋友是能够吸引他们回国的主要拉力（Alberts and Hazem，2005），国内的家人和朋友是海外留学人才最主要的牵挂。正如林其锬、胡克森所指出的，由于受中国社会特殊历史文化传统的影响，与国内联系的紧密程度直接影响到精神纽带与文化感的认同，进而影响海外留学人才的忠诚度（林其锬，1990；胡克森，2007）。

二是学术因素。2008 年 OECD 的人才报告中指出，除了工资水平、提升机会等经济激励因素外，影响人才回流的因素还包括研究设施、家庭和人际关系等重要因素（OECD，2008）。大多数留学人才都有国内高校学习的经历，身上都附带着与毕业院校的师生关系、校友情谊等。对学术海归而言，国内的关系纽带与所在学术机构的声誉、学科影响力及机构人力资本构成有密切联系。紧密的学术关系纽带有助于降低成本，易达成共同的目标与合作共识，有利于降低合作创新过程中隐性知识的转移成本，提高隐性知识的转移效率（Rost，2011；OECD，2008）。

国内的关系纽带能够使学术人才回国后迅速地融入本地的职业网络中。学术海归由于拥有充足的海外留学、进修及工作经历，不仅学习了海外先进的知识和技能，培养了较为先进的理念和国际化视野（人力资本），还建立了广泛的海外关系，形成了海外社会信息网络（社会资本），这对国内引进人才的机构来说无疑是最好的隐性知识来源。

基于现存的理论基础，本节提出青年学术人才学术联系跨国迁移决策矩阵（图 4.2）。与前文类似，假设新兴国家平均薪酬水平低于发达国家，如果具有相同水平的学术联系，学术人员在发达国家的收益会高于新兴国家。

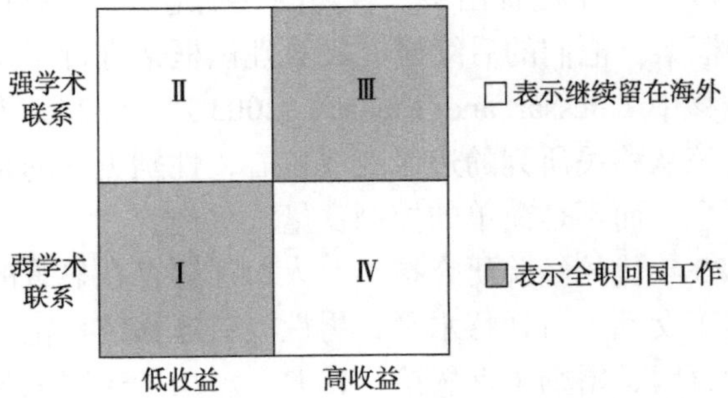

图 4.2　青年学术人才学术联系跨国迁移决策矩阵

拥有较强学术联系的学术人才，由于与母国（新兴国家）有较强的学术网络连接，回到自己的家乡或者母校之后，无论是社会环境还是学术环境都比较熟悉，更能够发挥其潜力，整体的收益水平较高（第三象限）；如果继续留在海外，其所拥有的社会资本与人力资本难以得到合理的利用，比较而言，会获得低收益（第二象限）。

拥有较弱学术联系的学术人才，由于缺乏在母国的社会资本，难以选择回到其本科或博士毕业院校工作发展，回到国内需要重新适应新的环境，建立新的社会联系，整体收益相对来说较低（第一象限）；如果继续留在海外，可以通过其在东道国的学术联系在熟悉的环境继续开展研究，比较而言，这部分学术人才倾向长期留在海外工作（第四象限）。综上所述，提出本章研究第二个假设。

假设 4.2：在其他条件不变的情况下，拥有广泛学术联系的青年学术人才更倾向回国工作，而不是继续留在海外工作。

4.2.3 青年学术海归的性别差异

跨国迁移中的性别问题是一个新兴的研究领域。传统跨国迁移研究较少关注性别，避开女性迁移者的原因是假设女性迁移者是和丈夫一起迁移或者与丈夫团聚。在本书研究前期的田野调查中，也有类似的现象，女性迁移者与丈夫一起迁移或者与丈夫团聚。

1996 年，Mahler 和 Pessar 在美国人类学学会（American Anthropological Association）年会上首次组织了性别和移民的专题讨论，后续又组织了多次研讨会，2001 年相关文章发表在国际期刊 *Identities：Global Studies in Culture and Power* 上。Mahler 和 Pessar（2001）从地理范围、社会地位和权力几何空间（power geometries）三个维度提出了“权力的性别地理”（gendered geographies of power）的理论框架。他们的后续研究又对理论框架进行了拓展和深化，试图将性别引入跨国迁移中（Pessar and Mahler，2003）。Mahler 和 Pessar（2006）进一步指出性别应该从移民研究的边缘变成核心，性别更多的是作为关系性和情景化的动态流动概念，而不是简单的控制变量。

中国 20 世纪 80 年代的经验研究指出，人口迁移存在显著的性别差异，男性人口迁移水平要高于女性人口迁移水平，男性人口迁移的首位原因是经济，而女性人口迁移的首位原因是婚姻（李树茁，1993）。OECD 国家数据的经验研究也指出，男性和女性对于传统劳动力迁移决定因素和人口统计学相关性别特征的弹性系数并不一致；女性更乐意跟随她们的配偶迁移；技术移民不存在显著的社会性别差异（Docquier et al.，2012）。Baudassé 和 Bazillier（2014）的经验研究指出，改善劳动力市场的性别平等能够促进女性特别是高技能女性跨国迁移，但是不利于低技能男性迁移。男性和女性迁移特征的差别在很大程度上与两者的社会功能、角色需求和激励类型有关。

实际上，学术人才跨国迁移或者海归不仅涉及学术迁移中的性别问题，还涉及学术研究中的性别差异（第 3 章已经有相关阐述）。早在 20 世纪 70 年代，以朱克曼和科尔为代表的美国科学社会学界就对男女科学家的差别进行了系统研究，女性科学家由于受到性别角色定位、婚姻家庭、科学共同体认同等方面的制约，与男性科学家相比科研生产率偏低、更难获得升迁或者提拔、更难获得较高的职位（Cole and Zuckerman，1984；林聚任，1997；徐飞和杨丽，2009）。杨丽和徐飞（2008）对中国科学院女性院士特征状况的计量分析也发现，女性科学家在数理化和地质等基础科学领域卓有建树，但是在工程技术等应用科学领域有待发挥更大的作用。

此外，社会科学研究中的性别差异也不可忽视。王西民和崔百胜（2014）利用《财经研究》的刊文量和引用量数据分析指出，女性学者的刊文量仅是男性学者的 1/4，平均引用量（18.58）也低于男性学者（20.68），男女论文引用量影响因素存在显著差异。Kelchtermans 和 Veugelers（2013）指出女性在职业生涯中首次达到最佳研究表现的概率较低，特别是当引用表征最佳研究表现时，但是没有证据表明性别歧视阻碍再次达到最佳研究表现，相反，女性似乎比男性容易保持最佳研究表现。

整体来说，在科学社会学研究中，虽然近年来女性学术人才在学术研究中已逐渐有了一定的地位，但由于从古至今遗留下的传统，女性为家庭而牺牲工作时间与职位提升机会所占比例仍旧更大，男性则更愿意为事业忙碌。本书研究假设青年学术人才的海归决策存在一定的性别差异，并且假设男性海外高层次学术人才一旦拥有较高的学术能力及较好的职业发展前景，更倾向留在发达国家发展而不愿意回国；同样地，假设女性学术人才更倾向照顾家庭而不愿意跨国迁移，而男性学术人才与母国拥有广泛的学术联系，更倾向迁移。基于以上理论，提出本章研究第三个假设。

假设 4.3a：青年学术人才的海归决策存在性别差异，在其他条件不变的情况下，与女性相比，拥有高学术能力的男性青年学术人才更倾向留在海外。

假设 4.3b：青年学术人才的海归决策存在性别差异，在其他条件不变的情况下，与女性相比，拥有广泛学术联系的男性青年学术人才更倾向回国。

4.3 研究设计

4.3.1 研究方法

履历分析法最初是美国佐治亚理工大学的一个研究项目，该方法利用科研人员的履历信息对科研人员进行评价，并且针对技术转移现象进行深入研究。学术人才的履历是其职业生涯的历史写照，记录了学术人才的学术成长过程，包括学术成果、教育历程、学校变迁、职位变迁、荣誉情况等，内容很全面。履历分析法通过对学术人才的履历信息进行深度编码分析，进而研究学术人才的成长路径、学术轨迹等一系列内容，从而避免了传统发放问卷及访谈所产生的主观性，能够更加客观地分析和研究学术人才的成长路径。

目前，国内外学者利用履历分析法研究人才流动问题已经颇为盛行。Cañibano 等（2008）通过对科研人才履历信息的分析研究科研人才的流动情况及其与科研成果之间的关系。Woolley 和 Turpin（2009）利用履历分析法分析研究科学家流动与知识合作网络之间的关系。Jonkers 和 Tijssen（2008）通过履历分析法分析研究科研人员跨国迁移与国际合作之间的关系。Lepori 和 Probst（2009）同样通过履历分析法分析探讨了瑞士通信科学研究领域科研人才的跨国迁移情况。总体来说，现有国内外利用履历分析法在人才迁移方面的研究已较为成熟，本章以履历分析为基础，对青年学术人才数据进行编码与分析，进一步深入探讨青年学术人才海归决策问题。

由于人才跨国迁移的研究涉及很多个体层面的 0—1 变量和分类变量，现有研究多采用负二项回归模型（Docquier et al.，2012；Baudassé and Bazillier，2014）。“青年海外高层次人才引进计划”入选者大部分选择全职回国，而小部分选择继续留在海外工作，负二项回归模型难以分析继续留在海外工作的样本。生存分析法是一种有效处理删失数据的统计方法，近些年来越来越受到学者们的广泛关注，本章样本数据的删失特点为生存分析法的运用提供了空间。

生存分析法是以人口生命表为基础逐渐发展起来的，其最早应用在医学领域，并一直被广泛应用。1986 年，美国国家科学院委员会（National Academy of Sciences Council）在提出数学发展的同时，认为生存分析法是未来六大发展方向之一，并把其作为数学与其他学科互相渗透的重要方法之一呈现（杨栖鹏，2002）。近年来，生存分析法不仅在医学领域中应用广泛，在社会科学领域中也逐渐被广泛运用。在专利领域应用中，Xie 和 Giles（2011）利用生存分析法研究美国专利申请到授权期间持续时间的规律；Nakata 和 Zhang（2012）同样把生存分析法应用在专利领域，研究发现专利申请与创新战略、专利价值及公司环境变化这三个因素的周期长度相关。Kauffman 和 Wang（2008）利用生存分析法分析 130 家互联网企业的商业模式，探究商业模式是如何影响企业生存的。在人口流动学研究中，张世伟和赵亮（2009）利用生存分析法研究农村劳动力流动影响因素。综上所述，生存分析法在人才跨国迁移方面已经开始有所尝试，本章根据样本数据的特征，采用生存分析法探究青年学术人才海归决策的问题。

4.3.2　模型设定

生存分析法是一种主要用于分析涉及一定事件的发生和持续长度的时间数据，并揭示事件发生和发展的统计方法，其最重要的一个特点就是处理删失数据，即在观察或试验中由于多方原因未能观察到研究关注的事件发生而得到的数据（时立文，2012）。为此，本章采用生存分析法中的 Kaplan-Meier 分析法和 Cox 回归模型。将生存事件定义为是否回国，不回国定义为 1，回国定义为 0；生存时间定义为入选者博士毕业到入选“青年海外高层次人才引进计划”的时间，其中学术能力、社会关系及性别是主要的协变量。

Cox 回归模型的一般形式为 $h(t)=h_0(t)e^{\beta_1x_1+\beta_2x_2+\cdots+\beta_mx_m}$，其中 $h(t)$ 是因变量风险率，$x_1,x_2,\cdots,x_m$ 是风险因素，$\beta_1,\beta_2,\cdots,\beta_m$ 是回归系数，$h_0(t)$ 是基准风险函数。为了便于解释，将 Cox 回归模型的一般形式变形后得到本章研究利用的最终回归模型：

$$\ln\left(h(t)/h_0(t)\right)=\beta_1\text{ability}+\beta_2\text{ralations}+\beta_3\text{gender}+\beta_4\text{controls} \tag{4.1}$$

学术能力（ability）变量和学术联系（relations）变量是研究模型中主要考察的两类协变量。

学术能力是影响青年学术人才海归与否的重要因素。学术能力变量包括两个指标。

一是，是否在海外获得终身职位或者进入终身职位序列。显然，与博士后等合同制工作相比，能够在海外获得终身职位的青年学术人才学术能力更强，将获得终身职位定义为 1；反之，定义为 0。终身职位界定为美国大学的 Tenure 或 Tenure-track 系列，包括 Professor、Associate Professor 和 Assistant Professor，以及美国国家实验室或者研究机构的 Senior Investigator 与 Investigator；英国的 Lecturer 以上职位；日本、新加坡、加拿大等国家的 Tenure 或 Tenure-track 系列。

二是，回国前任职单位的学科排名（Cole and Zuckerman，1987）。假设学术机构的学术水平越高，则对青年研究人才的学术水平要求越高；换言之，青年学术人才回国前任职单位的学科排名，可在一定程度上表征青年学术人才的学术水平。回国前任职单位的学科排名采用上海交通大学世界一流大学研究中心发布的2014年“学科领域世界大学学术排名”，学科排名世界TOP100以内大学定义为1，其他定义为0。

学术联系是影响青年学术人才海归的另一重要因素，主要考察青年学术人才出国之前的学术网络，在大学或者博士学习期间与学校老师建立的学术联系、与学校建立的情感联系和文化联系。将青年学术人才回国后回到自己毕业的本科或者博士院校定义为 1，其他定义为 0。具体而言，在国内获得博士学位的青年学术人才主要考察是否回到博士毕业院校，在国外获得博士学位的青年学术人才主要考察是否回到本科毕业院校。

除上述主要协变量之外，本章还考虑了其他几个方面的控制变量（controls）。性别：性别是影响人才跨国迁移的重要影响因素之一，且人才跨国迁移的性别差异一直是近年来学者关注的主要问题之一，本章研究中性别因子为二分类变量，定义男性为 1，女性为 0。年龄：年龄是跨国迁移的影响因素之一，年龄的增长带来的家庭、职位等因素可能成为促进或者阻碍海归的因素，年龄为连续变量，为入选年份与出生年份之差。是否为首批入选：人才引进项目可能存在首批效应，本章研究中是否为首批入选为二分类变量，首批入选者定义为 1，其他批次入选者定义为 0。

博士学位授予地：博士学位授予地也是学术人才跨国迁移中普遍采用的变量。本章研究中是否在中国获得博士学位为二分类变量，是为 1，否为 0；是否在美国获得博士学位也为二分类变量，是为 1，否为 0。入选单位类型：在中国的教育科研系统中，中国科学院系统与大学属于性质完全不同的两种体制；在大学体系中清华大学和北京大学是金字塔的顶端，C9 中的其他高校次之，非 C9 高校又与它们形成了比较鲜明的差异。不同类型的入选单位由于在职称、待遇等方面的差异，可能会对学术人才迁移产生影响，为此入选单位类型为多分类变量。入选单位在中国科学院系统（包括中国科学技术大学）定义为 0，清华大学和北京大学定义为 1，上海交通大学、西安交通大学、复旦大学、浙江大学、哈尔滨工业大学、南京大学定义为 2，其他机构定义为 3。

4.3.3 样本选择

4.3.3.1 样本选择依据

鉴于以下几个方面的原因，本章选择 1~4 批“青年海外高层次人才引进计划”入选者作为青年学术人才研究样本。第一，根据“青年海外高层次人才引进计划”项目遴选过程（图 4.3），入选者进入公告阶段，学术能力水平已经达到了项目要求；入选者既然已经申请了计划，就是具有全职回国工作的意愿，不需要考虑收入水平、社会环境和制度环境等因素对海归的影响。

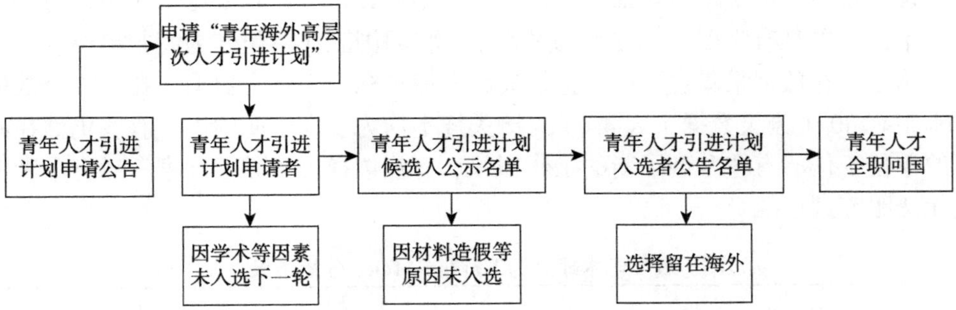

图 4.3 “青年海外高层次人才引进计划”项目遴选过程

第二，“青年海外高层次人才引进计划”入选者全职回到国内高校、科研机构（含转制科研院所）从事学术研究工作。虽然“海外高层次人才引进计划”入选者中有全职回国工作的案例，如美国普林斯顿大学分子生物学系教授施一公博士全职回到了清华大学，但多数“海外高层次人才引进计划”入选者都是兼职，考虑为吸引高层次的青年学术人才全职回国工作提供政策建议，以“青年海外高层次人才引进计划”入选者作为样本更具有现实意义。

第三，“青年海外高层次人才引进计划”项目信息公开透明，经历了公示和公告两个阶段，具有严格性和透明性。“海外高层次人才引进计划”网站上公告的“青年海外高层次人才引进计划”入选者基本信息，为大样本的定量研究提供了支撑。相比较而言，“海外高层次人才引进计划”入选者名单和信息保密程度相对较高，难以获取。

4.3.3.2 样本数据来源

“青年海外高层次人才引进计划”入选者基本信息来源于“海外高层次人才引进计划”网站上公告的入选者名单信息，具体信息包括每位入选者的姓名、性别、出生日期、学科分组、申报单位、博士毕业院校及时间、回国前任职单位及职称等。为了获取更多青年海外高层次人才入选者相关信息，在基本数据的基础上，通过国内和国外任职机构的网站、Google Scholar 个人站点、Research Gate 及 Linkedin 等收集候选人简历，采集入选者本科毕业单位及年份、回国任职单位、是否回国等相关信息。在数据采集和编码过程中有几点需要说明。

第一，第一批和第二批“青年海外高层次人才引进计划”中公示与公告名单略有差异，本书研究选择公示的名单作为基本数据，把没有进入最终公告名单的青年学术人才按照“未回国”处理，这在一定程度上可以充分利用生存分析法的特点和本数据的特征。

第二，部分“青年海外高层次人才引进计划”入选者回国后并没有去申报单位，也就是说，申报单位与回国工作单位并不一致，考虑到回国工作单位对于青年学术人才更具有吸引力，在编码过程中，将回国工作单位作为海归单位。

第三，在数据采集过程中，把缺失数据信息标记为删失数据。在736个数据样本中有80个删失数据（表4.1），删失样本均为没有全职回国，有些仍然在海外原单位工作、有些拿到了新的工作职位、有些选择去了其他国家，还有个别人员无法跟踪到近况。

表 4.1 学术能力的 Kaplan-Meier 分析结果

指标	总数/人	删失数据	占比
在海外进入终身职位序列或者获得终身职位	146	32	21.9%
在海外没有进入终身职位序列或者获得终身职位	590	48	8.1%
是否在海外进入终身职位序列 Log Rank Sig.	0.000		
回国前任职单位学科排名世界 TOP100 以内	360	29	8.1%
回国前任职单位学科排名世界 TOP100 以外	376	51	13.6%
回国前任职单位学科排名是否在世界 TOP100 Log Rank Sig.	0.002		

4.4 中国青年学术海归特征分析

4.4.1 青年学术海归的 Kaplan-Meier 分析

4.4.1.1 “学术能力”对青年海外高层次人才海归的生存函数

采用生存分析法中的Kaplan-Meier分析法识别学术能力对青年学术人才海归决策的影响，结果见表4.1和图4.4。表4.1显示“青年海外高层次人才引进计划”入选者中146人在海外进入终身职位序列或者获得终身职位，删失数据占21.9%；590人在海外没有进入终身职位序列或者获得终身职位，删失数据占8.1%。“青年海外高层次人才引进计划”入选者中360人回国前任职单位学科排名世界TOP100以内，删失数据占8.1%；其余376人回国前任职单位学科排名世界TOP100以外，删失数据占13.6%。“青年海外高层次人才引进计划”入选者中没有进入终身职位序列的比例达到80%，回国前任职单位学科排名世界TOP100以外的比例约50%。通过Log Rank显著性检验可知，两个学术能力指标对青年学术人才海归的影响均比较显著。

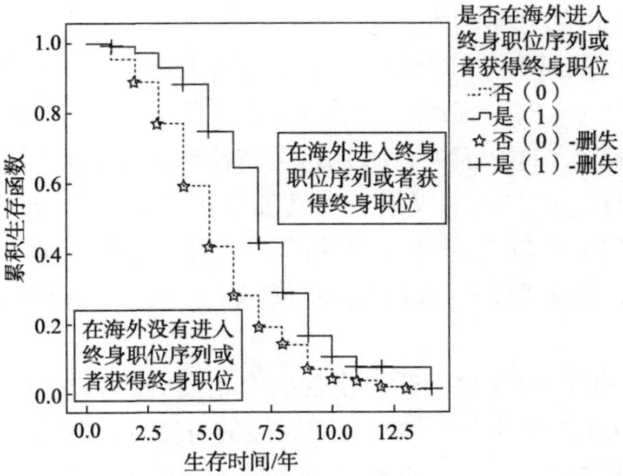

（a）

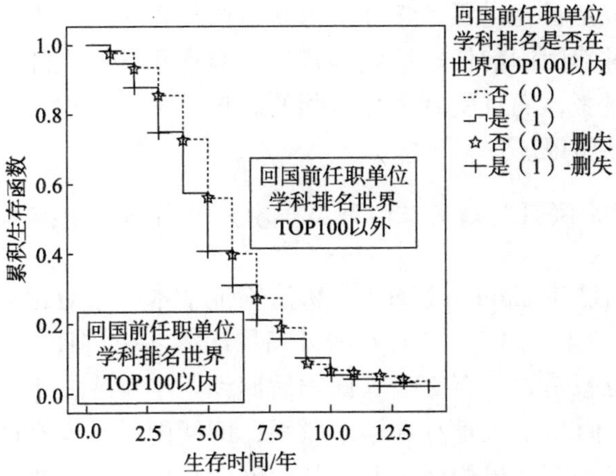

（b）

图 4.4 学术能力对“青年海外高层次人才引进计划”入选者海归的影响的生存函数

海外终身职位因子与任职单位学科排名因子对“青年海外高层次人才引进计划”入选者海归决策影响的生存曲线如图 4.4 所示，图中累积生存函数表示经过生存时间 T 仍未回国的青年学术人才比例。

在图 4.4（a）中，上方曲线表示获得海外终身职位的青年学术人才入选“青年海外高层次人才引进计划”项目后未回国的比例，下方曲线表示没有获得海外终身职位的青年学术人才入选“青年海外高层次人才引进计划”项目后未回国的比例。可以看出，无论生存时间长短，获得海外终身职位的青年学术人才未回国的比例总是高于没有获得终身职位的青年学术人才的比例。也就是说，在海外学术市场上，进入终身职位序列或者获得终身职位青年学术人才的海归意愿，明显低于未获得终身职位的青年学术人才。

在图4.4（b）中，两条生存曲线在生存时间为9年和10年时存在两次更替互换。生存时间小于9年时，任职单位学科排名世界大学TOP100之内的青年学术人才回国的比例偏高，这是因为在海外顶尖高校普遍竞争激烈，青年科研人才如果在短时期内没有优异的学术成果，在其任职单位获得职位晋升的可能性就很小；相反，国内学术市场对海外人才的需要迫切，海外顶级大学工作经验具有一定的竞争优势，回国后的职业发展前景较好，为此，选择回国发展的可行性更高。

生存时间在9年到10年之间时，呈现一个相反的趋势，海外任职单位学科排名世界大学TOP100之内的青年学术人才回国的可能性相对较低，10年时间能够在顶尖高校获得职位的人，已经拥有了相对稳定的位置和家庭，继续选择回国发展的意愿比较低。生存时间大于10年时，两条生存曲线之间已经没有明显差距，无论任职单位是否在世界大学TOP100以内，青年学术人才海归的意愿均不高。总体来说，虽然回国前任职单位学科排名对青年学术人才海归存在影响，但是影响并不非常显著，而且受到生存时间的影响。综上所述，假设4.1在一定程度上得到了初步的验证。

4.4.1.2 “学术联系”对青年海外高层次人才海归的生存函数

采用生存分析法中Kaplan-Meier分析法验证学术联系对青年学术人才海归的影响，结果见表4.2和图4.5。“青年海外高层次人才引进计划”入选者中235人存在学术联系，也就是说，有235人回国后回到了本科或博士毕业院校，其中删失数据占6.38%；而501人不存在学术联系，即回国后并没有回到本科或博士毕业院校，而是选择去其他机构或企业，其中删失数据占12.97%。表4.2显示“青年海外高层次人才引进计划”入选者中回国后没有回到本科或博士毕业单位比例达到68%。虽然人才引进计划项目入选者中不存在学术联系的入选者不回国的比例更高，但是Log Rank显著性检验结果显示，学术联系指标对青年学术人才海归的影响并不显著。

表4.2 学术联系的Kaplan-Meier分析结果

指标	总数/人	删失数据	占比
存在学术联系	235	15	6.38%
不存在学术联系	501	65	12.97%
是否存在学术联系 Log Rank Sig.	0.165		

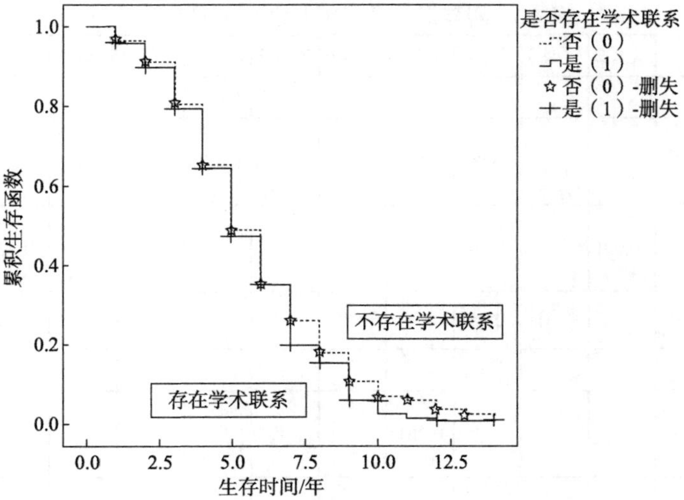

图 4.5　学术联系对“青年海外高层次人才引进计划”入选者海归的影响的生存函数

学术联系对“青年海外高层次人才引进计划”入选者海归的影响的生存曲线如图 4.5 所示。图中累积生存函数表示经过生存时间 T 仍未回国的青年学术人才的比例。在图 4.5 中，生存时间小于 7 年时，两条生存曲线几乎处于完全重合状态，即表明青年学术人才无论是否拥有学术联系其未回国比例相近；当生存时间大于 7 年时，不存在学术联系的青年学术人才未回国的比例高于存在学术联系的青年学术人才未回国的比例，存在学术联系的青年学术人才更倾向回国发展。这是因为在海外工作时间久，大多数学术人员的学术水平和学术积累均有很大的提升，随着国内高校尤其学术人员的母校不断加大海外校友引进力度，学术人员与母校的学术联系及相关社会关系网络不断扩展，此时学术人员更愿意在回国之后回到以前毕业院校工作发展。

综上所述，回国后能回到本科或博士毕业单位对青年学术人才海归决策存在一定的正向影响，但总体影响效果并不显著，假设 4.2 在一定程度上得到验证。

4.4.2　青年学术海归的 Cox 分析

4.4.2.1　青年海外高层次人才海归学术特征 Cox 回归模型

为了进一步验证学术能力和学术联系两个指标对青年学术人才海归决策的影响程度，采用生存分析中 Cox 回归模型对 1~4 批青年海外高层次人才进行回归分析，结果如表 4.3 所示。

表 4.3 青年海外高层次人才 Cox 回归模型

变量	模型 1	模型 2	模型 3	模型 4	模型 5	模型 6	模型 7	模型 8	模型 9	模型 10	模型 11	模型 12	模型 13
协变量													
是否在海外获得终身职位	0.483**			0.478**	0.303**			1.022*			0.225	3.231*	3.084*
回国前任职单位学科排名		−0.091		−0.064		−0.391			−0.120		−0.320	−0.084	−0.295
是否存在学术联系			−0.041	−0.055			0.635			0.248	0.610*	0.697	1.218
交叉项													
在海外获得终身职位×性别					0.261						0.273		0.304
回国前任职单位学科排名×性别						0.331					0.287		0.275
学术联系×性别							−0.747				−0.732*		−0.752*
在海外获得终身职位×年龄								0.061*				0.078*	0.081*
回国前任职单位学科排名×年龄									0.000			0.000	0.000
学术联系×年龄										0.008		0.021	0.017
控制变量													
性别	−0.196	−0.167	−0.172	−0.202	−0.224	−0.338	−0.088	−0.196	−0.166	−0.170	−0.138	−0.187	−0.115
年龄	−0.328**	−0.332**	−0.334**	−0.325**	−0.328**	−0.333**	−0.339**	−0.331**	−0.331**	−0.336**	−0.332**	−0.347**	−0.354**
是否为首批入选	0.102	0.171	0.176	0.112	0.102	0.172	0.150	0.105	0.171	0.177	0.086	0.078	0.051
是否在中国获得博士学位	0.596**	0.538**	0.538**	0.621**	0.592**	0.535**	0.558**	0.591**	0.538**	0.539**	0.630**	0.625**	0.631**
是否在美国获得博士学位	−0.067	−0.113	−0.116	−0.061	−0.071	−0.113	−0.117	−0.075	−0.113	−0.116	−0.071	−0.039	−0.051
入选单位性质（0）													
入选单位性质（1）	0.073	0.110	0.096	0.057	0.071	0.115	0.091	0.073	0.110	0.097	0.048	0.071	0.060
入选单位性质（2）	0.050	0.058	0.062	0.031	0.049	0.068	0.047	0.045	0.058	0.062	0.025	0.033	0.024

续表

变量	模型 1	模型 2	模型 3	模型 4	模型 5	模型 6	模型 7	模型 8	模型 9	模型 10	模型 11	模型 12	模型 13
入选单位性质（3）	0.213	0.190	0.195	0.198	0.213	0.191	0.183	0.219	0.190	0.195	0.184	0.196	0.181

**表示 $p<0.05$，*表示 $p<0.1$

注：“入选单位性质”代表中国科学院系统（0），清华大学、北京大学（1），上海交通大学、西安交通大学、复旦大学、浙江大学、哈尔滨工业大学、南京大学（2），其他机构（3）；学术联系即是否回到本科或博士毕业单位

模型 1 和模型 2 分别检验了在不加入任何交互项时，是否在海外获得终身职位因子和回国前任职单位学科排名因子对青年学术人才海归决策的影响。在模型 1 中，在海外获得终身职位因子的回归系数估计值为0.483，且非常显著；在模型 2 中，回国前任职单位学科排名因子回归系数估计值为−0.091，在 95%的置信区间并不显著。模型 3 检验了在不加入任何交互项时学术联系因子对青年学术人才海归决策的影响。在模型 3 中，学术联系因子回归系数估计值为−0.041，在 95%的置信区间下对青年学术人才海归决策并不具有显著影响。

模型 4 对学术能力因子和学术联系因子进行了联合检验，结果显示两因子对青年学术人才海归决策的影响系数与模型 1~模型 3 相比无显著变化，在海外获得终身职位因子的回归系数估计值为 0.478，非常显著；回国前任职单位的学科排名因子回归系数估计值为−0.064，不具有显著性；学术联系因子回归系数估计值为−0.055，同样仍然不具有显著性。

模型 5~模型 12 分别检验了学术能力因子、学术联系因子与性别、年龄的交互作用。加入学术能力、学术联系与性别的交互项之后，在模型 5 中，在海外获得终身职位因子回归系数估计值为 0.303，对青年学术人才海归决策具有非常显著的影响，而在海外获得终身职位与性别的交互项因子对青年学术人才海归决策影响却不具有显著性。

在模型 6 中，回国前任职单位学科排名因子、回国前任职单位学科排名与性别的交互项因子对青年学术人才海归决策影响均不显著。在模型 7 中，学术联系因子、学术联系与性别的交互项因子对青年学术人才是否回国同样不具有显著影响。加入学术能力、学术联系与年龄的交互项后，在模型 8 中，在海外获得终身职位因子、在海外获得终身职位与年龄的交互项因子对青年学术人才海归决策影响非常显著，且回归系数估计值分别为 1.022 和 0.061。在模型 9 中，回国前任职单位学科排名因子、回国前任职单位学科排名与年龄的交互项因子对青年学术人才海归决策影响均不显著。在模型 10 中，学术联系、学术联系与年龄的交互项因子对青年学术人才的海归决策同样不具有显著性影响。

在模型 11 中，加入学术能力因子、学术联系因子及性别的交互项后，学术能力因子、学术能力与性别的交互项因子均不显著，而学术联系因子、学术联系

与性别的交互项因子对青年学术人才海归决策均具有非常显著的影响，影响因子系数估计值分别为 0.610 和−0.732。

在模型 12 中，加入学术能力因子、学术联系因子与年龄的交互项后，回归结果与前几个模型相类似，在海外获得终身职位因子、在海外获得终身职位与年龄的交互项因子对青年学术人才海归决策具有显著影响，影响因子系数估计值分别为 3.231 和 0.078，而回国前任职单位学科排名因子、回国前任职单位学科排名与年龄的交互项，以及学术联系因子、学术联系与年龄的交互项因子均不具有显著性影响。在模型 13 中加入所有因子及其交互项，同样在海外获得终身职位因子、在海外获得终身职位与年龄交互项因子对青年学术人才海归决策具有显著性影响，且影响结果与模型 12 类似。

学术能力因子中是否在海外获得终身职位对青年学术人才的海归决策存在显著影响，具体表现为青年学术人才在海外进入终身职位序列或者获得终身职位大大增加了其海归的风险，也就是说，在海外已经拥有一定职业地位的青年学术人才并不倾向回国；而衡量学术能力的另一个指标回国前任职单位的学科排名，这一指标对青年学术人才海归决策影响并不具有显著性。在所有的交互项因子中，在海外获得终身职位与年龄的交互项对青年学术人才海归决策具有显著影响，表现为在海外进入终身职位序列或者获得终身职位的青年学术人才中，年龄越大越不倾向回国，这可能是因为年龄大的学术人才长期在国外，他们不仅拥有了稳定的职业和社会地位，同时也拥有了稳定的家庭生活和社会关系，相对而言，更愿意继续留在海外工作。

总体来说，学术联系因子对青年学术人才海归决策并不具有显著性影响，只有在模型 11 中，学术联系因子具有显著的正向作用，也就是说，海归到本科或博士毕业单位对于吸引青年学术人才起到了一定的影响。同样，在模型 11 中学术联系与性别的交互作用对青年学术人才海归决策具有显著影响，具体表现为相对于女性青年学术人才来说，拥有广泛学术联系的男性青年学术人才回国意愿更加强烈，表明学术联系因子对于男性青年学术人才海归决策影响作用更大。一部分原因可能是，男性拥有的社会地位和对家庭所承担的责任，使得工作对其来说意义重大，寻求更加稳定的学术关系网络对其未来的职业发展更加重要。

在模型 1~模型 13 中，性别因子回归系数为−0.338~−0.088，且均不显著，表明性别对青年学术人才海归并不具有显著影响。年龄因子回归系数均在−0.3 左右，且非常显著，表现为年龄越大的学术人才越倾向海归。一方面，随着博士毕业年限的增加，学术人才的学术能力不断提升，成果更加丰硕，在国内市场上的竞争优势日益突出；另一方面，随着年龄的增长，身在海外的学术人才的父母养老问题、子女教育问题和个人事业瓶颈问题等都日益突出，海归是解决上述问题的途径之一。这一研究结果在很大程度上定量证实了 Richard（2012）的观点，其在《自然》上发表的访谈结果显示，刚获得博士学位的青年学术人才更倾向留在海外，因为他们没有家庭的牵绊，随心所欲；随着年龄的增长，海外学术人才的优势和劣势开始日益凸显，如果不能实现职业发展的突破，海归是不错的选择，而进入终身职位序列或者获得终身职位的人则不倾向回国。

其他控制变量中，只有是否在中国获得博士学位对青年学术人才的海归决策存在显著影响，回归系数值为 0.535~0.631，具有较高的显著性水平。在中国获得博士学位增加了学术人员海归风险，说明在中国获得博士学位的青年学术人才不倾向回国发展。因为在学术市场上，中国博士学位与海外名校博士学位相比并没有竞争优势。这与 Zeithammer 和 Kellogg（2013）的研究结果一致，由于种种原因，美国名校毕业的中国学生倾向放弃高待遇工作而选择回国发展。

综上所述，海外获得终身职位对于青年学术人才继续留在海外工作具有显著正向作用，但是任职单位排名对于青年学术人才继续留在海外工作具有不显著的负向作用，即在海外获得终身职位的青年学术人才回国意愿较低，假设 4.1 得到进一步的验证。

整体而言，学术能力对于海外青年学术人才回国工作决策的影响具有双重性，海外任职单位学科排名和获得终身职位的作用方向相反，显著程度相反；学术联系因子对吸引青年学术人才的回国起到了一定的正向作用，且相对于女性青年学术人才而言，拥有广泛学术联系的男性青年学术人才更加倾向回国发展，在国内拥有学术关系网络对于男性青年学术人才来说意义更加重大，在一定程度上进一步验证了假设 4.2 与假设 4.3b。

4.4.2.2　青年海外高层次人才海归性别差异的 Cox 回归模型

虽然性别不是决定海归决策的显著影响因子，但是男性和女性青年学术人才海归影响因子存在显著差异。为进一步验证性别因子在青年学术人才海归决策中所起到的更深层次作用，本节进一步按性别分类进行实证研究，对“青年海外高层次人才引进计划”中的男性和女性数据样本分别做 Cox 回归分析，其中女性样本量 70 个，删失数据 10 个；男性样本量 666 个，删失数据 70 个，分析青年学术人才海归决策动力机制的性别差异，所得结果如表 4.4 和表 4.5 所示。

表 4.4　男性青年海外高层次人才 Cox 回归模型

变量	模型 14	模型 15	模型 16	模型 17	模型 18	模型 19	模型 20	模型 21
协变量								
是否在海外获得终身职位	0.514^{**}			0.513^{**}	3.194^{*}			3.049^{*}

续表

变量	模型 14	模型 15	模型 16	模型 17	模型 18	模型 19	模型 20	模型 21
回国前任职单位学科排名		−0.059		−0.036		0.303		0.289
是否存在学术联系			−0.119	−0.129			−0.458	0.048
交叉项								
在海外获得终身职位×年龄					0.076			0.072
回国前任职单位学科排名×年龄						0.011		0.009
学术联系×年龄							−0.010	0.005
控制变量								
年龄	−0.337**	−0.340**	−0.342**	−0.334**	−0.353**	−0.346**	−0.339**	−0.355**
是否为首批入选	0.034	0.110	0.122	0.049	0.001	0.107	0.121	0.014
是否在中国获得博士学位	0.559**	0.501**	0.530**	0.607**	0.563**	0.504	0.529	0.608**
是否在美国获得博士学位	−0.121	−0.167	−0.164	−0.112	−0.099	−0.168	−0.163	−0.095
入选单位性质（0）								
入选单位性质（1）	0.045	0.090	0.051	0.003	0.047	0.090	0.052	0.009
入选单位性质（2）	0.000	0.017	0.001	−0.033	−0.004	0.016	0.001	−0.035
入选单位性质（3）	0.167	0.149	0.137	0.142	0.158	0.146	0.137	0.133

**表示 $p<0.05$，*表示 $p<0.1$

注：“入选单位性质”代表中国科学院系统（0），清华大学、北京大学（1），上海交通大学、西安交通大学、复旦大学、浙江大学、哈尔滨工业大学、南京大学（2），其他机构（3）；学术联系即是否回到本科或博士毕业单位

表 4.5 女性青年海外高层次人才 Cox 回归模型

变量	模型 22	模型 23	模型 24	模型 25	模型 26	模型 27	模型 28	模型 29
协变量								
是否在海外获得终身职位	0.487			0.354	7.201			5.128
回国前任职单位学科排名		−0.418		−0.359		−4.863		−2.914
是否存在学术联系			0.393	0.294			7.200	6.262
交叉项								
在海外获得终身职位×年龄					0.190			0.132
回国前任职单位学科排名×年龄						−0.128		−0.075
学术联系×年龄							0.197	0.174
控制变量								
年龄	−0.295**	−0.307**	−0.321**	−0.319**	−0.333**	−0.231**	−0.382**	−0.354**

续表

变量	模型 22	模型 23	模型 24	模型 25	模型 26	模型 27	模型 28	模型 29
是否为首批入选	0.774*	0.786*	0.641	0.610	0.718	0.804*	0.524	0.518
是否在中国获得博士学位	1.367**	1.155*	1.023	1.197**	1.385**	1.161**	1.098*	1.293
是否在美国获得博士学位	0.633	0.484		0.504	0.699*	0.558	0.496	0.617
入选单位性质（0）								
入选单位性质（1）	0.235	0.253	0.351	0.318	0.306	0.331	0.473	0.459
入选单位性质（2）	0.464	0.513	0.489	0.577	0.456	0.461	0.643	0.647
入选单位性质（3）	0.999*	0.816	0.874	0.841	0.996*	0.793	0.936*	0.923

**表示 $p<0.05$，*表示 $p<0.1$

注：“入选单位性质”代表中国科学院系统（0），清华大学、北京大学（1），上海交通大学、西安交通大学、复旦大学、浙江大学、哈尔滨工业大学、南京大学（2），其他机构（3）；学术联系即是否回到本科或博士毕业单位

首先，在协变量中，在海外获得终身职位因子同时增加男性青年学术人才与女性青年学术人才回国风险，但对男性青年学术人才海归有显著的影响，且其回归系数估计值为 0.513~3.194。在海外获得终身职位增加了男性生存风险，在海外获得终身职位的男性青年学术人才回国发展意愿比较低，对女性青年学术人才回国的影响却不具有显著性。也就是说，男性青年学术人才学术能力越强越不倾向海归，但是女性青年学术人才这方面的倾向并不显著，吸引学术能力强的女性青年学术人才海归的概率更高，假设 4.3a 得到验证。

回国前任职单位学科排名因子与学术联系因子无论是对男性青年学术人才的海归决策还是对女性青年学术人才的海归决策均不具有非常显著的影响，但与实证结果仍旧存在很大的差别。对于男性青年学术人才而言，学术联系因子增加回归的风险率不大。相反，对于女性青年学术人才，学术联系因子系数比较大，拥有学术联系大幅增加回归的风险，她们仍旧倾向留在海外。

其次，模型中所有的交叉项因子均不具有显著性。值得一提的是，回国前任职单位学科排名与年龄的交互项对于男性和女性青年学术人才影响效果明显不同。对于男性青年学术人才而言，年龄越大且任职单位在世界大学 TOP100 以内回国意愿越低，但女性青年学术人才却呈相反的影响效果。再次表明，由于男性和女性学术人才在家庭和社会角色中的定位不同，影响迁移的因素也存在显著差异。

最后，在控制变量中，年龄因子对男性和女性青年学术人才海归决策的影响的显著性水平相同，影响因子系数估计值均为−0.3 左右，均降低了人才海归的风险率，并且影响程度大致相同，即无论男性还是女性学术人才，均为年龄越大越倾向回国。无论是男性还是女性学术人才，都面临学术市场竞争、个人职业发

展、父母养老、子女教育等问题。随着年龄的增长，海外青年学术人才的优势和劣势开始日益凸显，如果不能实现职业发展的突破，海归是不错的选择。

是否为首批入选因子回归系数估计值均为正值，表示增加了男性青年学术人才和女性青年学术人才的回国风险，但对男性青年学术人才而言并不具有显著性，对女性青年学术人才的海归决策存在显著的影响。尽管首批入选效应对于青年学术人才海归决策发挥作用并不大，但对于女性青年学术人才来说，拥有首批入选资格的却更不倾向回国发展。

在中国获得博士学位因子对男性和女性青年学术人才回国均具有显著影响，但影响程度却有所不同。具体而言，在中国获得博士学位因子对女性青年学术人才的影响系数估计值为 1.023~1.385，具有显著性，表明在中国获得博士学位增加了女性青年学术人才回国的风险率；而对男性青年学术人才的影响系数估计值为 0.501~0.608，同样增加人才回国的风险率，但是其平均影响效果远低于女性。也就是说，在中国获得博士学位的男性青年学术人才比女性青年学术人才更倾向海归。在一定程度上，在中国获得博士学位的青年学术人才在国内具有更好的社会资本，而在海外学术市场的竞争优势较弱。

综上所述，可以看出，青年学术人才海归的动力机制问题存在明显的性别差异，与女性青年学术人才相比，拥有高学术能力的男性青年学术人才的回国意愿更加不显著，假设 4.3a 得到了验证；存在学术联系增加男性青年学术人才的海归风险很小，假设 4.3b 在一定程度上得到了验证。根据不同性别特征，可以制定相应的海外学术人才引进政策，以吸引更多更高层次的青年海外学术人才回国发展。

4.5 本章小结

改革开放以来，中国已经吸引了大量学术人才全职回国工作，但是由于学术人才海归决策受到多方面因素的影响，并不能简单归因于海外学术人才引进政策的作用。

基于现有理论和中国实践，本章提出青年学术人才学术能力跨国迁移决策矩阵与青年学术人才学术联系跨国迁移决策矩阵，认为高学术能力青年学术人才倾向留在海外工作，低学术能力青年学术人才倾向全职回国工作是学术就业市场自然选择的结果，海外青年学术人才引进政策的效用是弥补高学术能力人才海外与国内的收益差，吸引其全职回国工作。青年学术人才所具有的学术联系网络对其海归决策具有一定影响，与母国具有强学术联系的青年学术人才更倾向回国发展。

4.5.1 研究结论

本章以 1~4 批“青年海外高层次人才引进计划”入选者为研究对象，采用生存分析法中的Kaplan-Meier分析法和Cox回归模型对数据样本进行实证分析，考察了青年学术人才海归的学术特征问题。经过实证分析，得出了以下几个方面的结论。

第一，Kaplan-Meier 分析表明，学术能力因子对青年学术人才海归决策具有一定的影响，而学术联系因子对青年学术人才海归决策影响并不明显。在海外进入终身职位序列或者获得终身职位的青年学术人才未回国的比例，显著高于未获得终身职位或者有机会进入终身职位序列的学术人才，也就是说，在海外学术市场上具有竞争优势的青年学术人才回国意愿不强烈。海外任职单位学科排名对学术青年海归决策呈现负向影响，但是这种影响随着时间的推移而逐渐降低。虽然学术联系对青年学术人才海归影响显著性不强，但拥有广泛学术联系的青年学术人才海归比例略高于不存在学术联系的青年学术人才海归比例，也就是说，海归回到本科或博士毕业院校对青年学术人才回国发展有一定的正向作用。

第二，Cox 回归分析表明，高学术能力青年人才中部分倾向全职回国、部分倾向继续留在海外，海外青年学术人才引进政策已经发挥作用。在海外进入终身职位序列或者获得终身职位的青年学术人才全职回国工作的意愿不强，且年龄越大的学者回国意愿越低。海外任职单位学科排名世界 TOP100 以内的青年学术人才有一定的回国意愿。研究结果表明，在很大程度上虽然高学术能力青年人才留在海外是最优选择，但是海外青年学术人才引进政策在一定程度上弥补了国内与海外学术市场收益的差异，在吸引高层次人才全职回国工作方面起到了积极作用。

学术联系因子对青年学术人才海归决策影响具有一定的正向影响，海归回到本科或博士毕业院校对于青年学术人才保持着一定的吸引力，且实证结果表明，相对于女性青年学术人才来说，拥有广泛学术联系的男性青年学术人才不回国发展意向更弱。此外，一般而言，年龄越大学术人才回国的意愿越强；在中国获得博士学位的学术人才并不倾向回国发展。

第三，影响青年学术人才海归的因子存在一定的性别差异。首先，学术水平越高的男性青年学术人才越不倾向回国，但是女性并没有这方面的倾向。政府相关部门可以根据这一研究结论，设计专门针对女性青年学术人才的优惠政策，吸引高层次女性学术人才海归；拥有广泛学术联系增加了女性青年学术人才回国风险。其次，在中国获得博士学位因子对男性和女性青年学术人才回国均有显著影响，但对女性青年学术人才影响更大。也就是说，在中国获得博士学位的女性青年学术人才更倾向留在海外，人才引进的目标应该仍然专注于在海外获得博士学位的学术人才。再次，拥有首批效应的女性青年学术人才不倾向回国发展，而对于男性青年学术人才影响却不显著。最后，年龄因子对男性和女性青年学术人才海归均具有显著影响，均降低了人才海归的风险，且影响程度相当。

4.5.2 学术贡献

在大量阅读与参考国内外期刊文献的基础上，最终选择以“青年海外高层次人才引进计划”入选者为研究对象，重点阐述学术能力和学术联系两项特征对中国青年学术人才海归的影响显著性，以及在性别维度的作用下不同因素的差异化影响。基于对现有的研究成果的分析与研究，本书的创新点主要表现在以下两个方面。

第一，建立青年学术人才学术能力跨国迁移决策矩阵和青年学术人才学术联系跨国迁移决策矩阵，以学术能力和学术联系两个因素为主要的测度变量，从全新的视角解析中国青年学术人才海归的学术特征问题，丰富学术人员跨国迁移特征的认识；结合现有研究热点，从影响因素的性别差异角度进一步对不同性别青年学术人才跨国迁移的学术特征进行分析，识别出学术特征的性别差异。

第二，将生存分析法应用于青年学术人才跨国迁移的学术特征识别中，丰富了人才成长路径及跨国迁移学术特征研究的方法。本章把生存分析法与青年学术人才海归学术特征分析相结合，以期为中国青年学术人才引进政策提供更深入的理论参考，对中国政策的实践具有借鉴意义。

5 青年学术海归跨国迁移的组织动因

作为一个新兴的交叉领域，学术人员跨国迁移已经积累了丰富的研究成果。在理论上，学术人员跨国迁移的个人决策模型、人才循环理论和双边引力模型主要从个人和国家层面解释跨国迁移现象。本书基于大量的调研和访谈认为，跨国迁移是否成功不仅取决于国家大环境和个人决策，还与学术机构层面的“小环境”[①]有关，学术人员与学术机构匹配才是迁移成功的关键。从这个意义上讲，研究青年学术人员跨国迁移的组织动因，不仅能为学术人员跨国迁移提供新的视角，还能为组织引进高层次学术人才提供政策建议。

在经验上，大量研究系统阐述了学术人员跨国迁移的国家结构特征、个人特征结构及迁移动力机制等，已经意识到学术人员跨国迁移逐步形成了连接关系甚至“网络”，但是“网络”仍然停留在隐喻层面，迫切需要为学术人员跨国迁移网络的经验研究提供证据。为此，本章将从学术人员跨国迁移网络的视角研究青年学术海归的组织动因（Foray，2004；Stone and Maxwell，2005）。

5.1 理论基础与概念界定

5.1.1 社会网络理论

1940 年，英国著名学者拉德克里夫·布朗（A. R. Racliffe Brown）在《论社会结构》（On social structure）一文中第一次提到了“社会网络”的概念，该文主要阐述了在社会系统中结构元素彼此间存在的相互依赖性，阐述了非正式关系在复杂关系网络中所起到的关键性作用。1950 年以来，在这些思想的基础上，

① 关于“小环境”的详细内涵请参见求是科技基金会 2013 年颁奖典礼论坛上鲁白、施一公、饶毅、贺福初、邓宏魁、杨振宁、韩启德、王晓东、曹雪涛等科学家的讨论，资料来源：http://www.qiushi.org/index.php?m=content&c=index&a=show&catid=20&id=276.

曼彻斯特大学的学者们开始重点关注非洲部落、英国农村及小镇等群体。在社会网络理论的基础上，Bott（1956）以英国一座小城里的一些家庭为研究样本，主要探究这些家庭中亲属间存在的不同关系模式，同时提出可以用“结”作为社会网络分析的一个工具。Barnes（1969）指出可以用“派系”和“聚类”两种方式来区别网络中存在的不同个体或组织。在以往学者广泛研究的基础上，社会网络理论研究取得了丰富的研究成果，理论体系也逐渐完善与成熟。

Moreno 和 Test（1933）提出的“社群图”标志着社会网络分析的兴起，其说明了社会行为个体间的关系，其中社会行为个体是“社群图”的节点，连线代表个体之间产生的联系。接下来的 10 年里，社会网络分析研究开始进入另外一个发展阶段，即专家学者们开始进行社会网络分析的应用研究。Warner（1999）以新旧城市的社会群体为研究样本，广泛整理和收集有关社会关系的数据。Lévi-Strauss（1963）通过矩阵的形式来体现亲戚间存在的网络关系。Bavelas（1950）首次提出用网络中心性来阐述社群任务导向的结构关系。20 世纪 70 年代起，专家学者们开始普遍关注社会网络理论分析方法中的块模型和多维量表分析技术。Granovetter（1985）的研究表明，在获取资源过程中，与“强连接”关系相比，个体所产生的“弱连接”关系更容易得到各种各样的信息。

通过对社会网络理论的发展史进行回顾，总结了以下四个方面：第一，社会网络涉及社会行为个体之间的关系；第二，社会网络需要对个体行为间的关系数据进行整理和分析；第三，社会网络通过图形来呈现行为个体之间的关系；第四，社会网络使很多数学计算模型迅速发展起来。不管是一开始定性评价社会关系，还是用数学模型来分析、证明关系网络的结构特征，无不说明社会关系网络在现实世界中存在的意义，社会网络理论分析方法逐渐成为解释世界中各种问题的一种分析方法。本章在学术人员跨国迁移网络背景下，在社会网络理论及社会资本理论的基础上，探究组织层面学术机构的网络位置（包括迁出机构的出度中心度和迁入机构的入度中心度）对学术人员跨国迁移的作用机制。

5.1.2 学术人员跨国迁移网络

学术人员跨国迁移研究已经意识到人员连接和知识“网络”的存在，初步从理论上界定了国际知识网络的内涵，通过经验研究考察了跨国连接的效应，为跨国迁移网络研究奠定了基础。

目前，无论是学术界还是管理层都已经达成共识，学术人员的跨国迁移就是知识的跨国流动。从个人层面上，Parmar（2002）定义跨国知识网络是一个跨越国家边界的协调研究成果创造、研究生教学、学术人员交流和研究资助的系统。

从组织层面上，Coe 和 Bunnell（2003）定义跨国知识网络是企业研发网络、个人社会网络、教育和政策等公共网络领域相互重叠运行的结果，其中企业与其他非企业组织构成的知识网络是主体。在实践中，很多国家正在试图建立和强化他们与国外学术人员的网络，进而吸引和帮助国外学术人员回国。

基于德国的经验，Jöns（2009）指出通过人才循环形成的跨国知识网络已经超越了国际论文合作等范畴，人才循环开启了随后的学术交流和合作积累过程，非常有利于德国在第二次世界大战之后重新融入国际科学共同体，让德国在 21 世纪成为美国科学家和工程师最重要的国际合作伙伴来源国。Gibson 和 McKenzie（2014）运用太平洋岛国调查数据考察了学术人员跨国迁移中知识流动的性质和程度，结果显示：当前海归人员比相似技能的海归人员和非海归人员业绩更突出，海归人员是国际研究人员和本地研究人员之间知识转移的主要渠道。

移民网络政策通过各类专项计划和工具（如基于互联网的社会网络）保持与海外研究人员的联系，为人才流出国提供人才回流机会（Meyer，2001；Thorn and Holm-Nielsen，2006）。Baruffaldi和Landoni（2012）指出与国内长期保持频繁联系的研究人员更倾向回国工作，保持国内联系有利于丰富和扩展研发合作网络；Jonkers和Cruz-Castro（2013）的研究表明，具有国外工作经验的学术人员更倾向与之前工作地学术人员进行合作，并且合作论文更容易发表。

学者们也发现学术人员跨国迁移网络连接对于学术人员及迁入国具有一定的影响。陈代还等（2015）研究发现国际合作网络的存在对科学家的学术生产力有显著的作用机制，国内关系纽带和科学家生产力之间存在倒 U 形关系。Jonkers 和 Tijssen（2008）同样认为由于科学家间科研合作形成的科研合作网络和科学家学术生产力之间存在显著的正向相关关系，其有助于提高科学家的科学产出。鲁晓等（2014）研究发现国际研发合作网络对学术人员的职业发展起着关键的推进作用。Ackers（2005）和 Mahroum（2000）认为当海外人才决定回国时，他们会通过社会网络联系获得更多迁入机构的信息支持，从而海外人才与母国的联系大大增加了人才回流的可能性。

综上，相关学者对学术人员跨国迁移的知识网络内涵进行了阐述，也提出了学术人员跨国迁移网络的定义。本章认为“人员-机构”匹配形成了学术人员在学术机构之间的迁移，学术人员跨国迁移网络是以学术机构作为节点，以学术人员作为连接载体，以机构间学术人员跨国迁移作为连接方式，以“人员-机构”匹配为核心的跨国迁移网络。学术人员跨国迁移网络的研究仍然处于早期阶段，以学术人员跨国迁移形成的知识网络研究为基础，本章重点关注的学术人员跨国迁移网络是指“青年海外高层次人才引进计划”入选者在学术机构之间跨国迁移形成的网络。

关于学术人员跨国迁移网络的探索研究主要包含两个元素：迁移对象和迁移行为。通过对迁移对象及迁移行为进行定性和定量分析，勾勒出学术人员跨国迁移网络的整体面貌。本章将在学术人员跨国迁移网络情境中，重点探究学术机构在学术人员跨国迁移网络中所发挥的重要作用及其在迁移网络中所处的网络位置。

5.1.3 组织跨国迁移网络位置

Granovetter（1985）提出嵌入性理论是指个体或组织在网络中的位置及其与其他个体或组织之间存在的关系，个体或组织的网络位置可以帮助他们获取更有效的资源、识别潜在的机会等。Koka 和 Prescott（2008）认为网络位置指的是个体或组织在相互独立的关系网络中所处的位置，通过网络位置可以从合作伙伴那里找到获取资源的途径，从而有效利用资源获取收益。Guan 和 Gao（2009）研究认为网络位置还可以指个体或组织在关系网络中是否处于中心位置及其所拥有的结构洞的多少，个体或组织所具有的结构洞数量越多，其越能在网络中获取更多更有效可利用的资源。任胜钢（2010）和钱锡红等（2010）主要研究组织的网络位置对组织创新性的影响，结果发现处于网络中心位置的组织与外界交流互动越频繁，越易于提高组织的创新绩效。在学术人员跨国迁移网络中，如果学术组织占据迁入有利位置，是否有利于学术人员迁入？如果学术组织处于迁出不利位置，是否仍会有利于其学术人员迁出？

组织间关系的性质和形式决定了组织在关系网络中的网络位置。Nohria（1992）认为声望、规模及媒介影响着网络结构。声望是指在关系网络中哪些个体或组织受到了较大的关注或哪些受到较少的关注。规模是指个体或组织在网络中所具有的连接数总数。媒介是指个体或组织所具有的可以舒缓与网络隔离的能力。在学术人员跨国迁移网络中，声望、规模和媒介都起到了非常重要的作用，学术人员在选择迁入或者迁出学术机构时声望是非常重要的考量因素，规模决定了迁入或者迁出学术机构的人员规模，媒介体现了一种冗余的能力。

综上所述，本章重点关注学术人员跨国迁移网络中的权力位置，也就是度数中心度，由于涉及迁入和迁出，会同时考虑入度中心度和出度中心度。学术机构网络位置是学术人员跨国迁移网络中各学术机构之间联系程度的一种反映，在学术人员跨国迁移网络中，位置的不同会对学术人员的跨国迁移产生不同程度的影响。

5.2　研 究 假 设

5.2.1　学术距离与海归跨国迁移

学术距离是指学术机构学术能力和声誉之间的距离。学术人员能否在学术机构间跨国迁移成功主要受学术机构的学术能力和未来合作预期的影响。

一是，学术人员与学术机构在学术能力、学术声誉方面是否能够满足各自的期望，进而实现匹配，是学术人员跨国迁移的重要因素。从学术人员的角度而言，学术人员不愿意迁入比迁出机构学术能力和水平低太多的学术机构，但是想迁入比迁出机构学术能力和水平高太多的学术机构也比较难（刘少雪，2012）。为此，多数学术人员会选择迁入科研水平和综合实力相当的学术机构（Clauset et al.，2015），如果学术人员与学术机构之间层次相差太大，两者很难匹配，迁移成功的概率就比较小。例如，邓侨侨（2014a）研究发现科技精英人才向名校集聚实质上是向世界大学学术排名 TOP100 的大学集聚，科技精英人才总是向一流大学迁移与集聚。从迁入学术机构的角度而言，迁入学术机构会选择学术能力与之相当或者高学术水平迁出学术机构的学术人员，这样可以保持和提升自身的学术能力和声誉（Tian，2013）。例如，国内很多“985”高校在招聘学术人员时均提出，应聘者需要“具有海内外知名大学博士学位”，以及在相关学科领域取得一定数量成果且具有较强学术发展潜力。

二是，学术人员需要考虑到能否融入迁入学术机构，能否与迁入学术机构的学术人员展开高效的合作，实现自我价值。学术活动需要大量学术人员的协调合作，学术水平相近的学术人员间知识同质性高，更容易互相接触，建立联系，合作起来效率更高（罗琳等，2017）。若迁入机构与迁出机构间的学术水平差距较大，学术人员与迁入学术机构的学术人员间知识异质性高，不但增加沟通交流的成本，而且会打击学术人员的信心，科学产出降低，不利于学术人员的事业发展（Bhagat et al.，2002）。实际上，学术人员迁入一个新的学术机构，很难在短期内在本地建立学术合作关系，多数学术人员仍然与迁出机构或者自己原来的合作者联系，其中学术距离是一方面的因素，信任、共同的学术兴趣等也是需要考虑的因素。

从学术研究团队的角度而言，迁入学术人员需要通过一系列的互动与迁入学术机构现有人员进行知识和想法的沟通。为了获得较高的团队绩效，迁入学术人员会选择与迁出机构学术水平相当的迁入学术机构，而迁入学术机构也会选择与自身学术水平匹配的学术人员（吕洁和张钢，2015）。在人才引进实践过程中，无论是学术人员还是学术研究团队都倾向选择与自身学术水平匹配的机构或者人员，因为过高或者过低的不匹配会出现很多新的迁移问题。

当然，学术就业市场也出现了很多高水平人才从高水平学术机构向稍微弱一点学术机构迁移的现象。例如，西北某知名“985”高校，人才流失严重，有人曾说：“××大学流失的高水平人才，完全可以再办一所同样水平的大学!”，而其中部分人才流向了东南某发达省份的“211”高校。实际上，新兴高校引进高水平人才是其崛起的关键因素，其中不仅学术距离起作用，福利待遇、教育医疗及单位小环境也会起很大作用。

由此，提出以下假设。

假设 5.1：学术人员在学术机构间迁移时，学术机构间学术距离越近，迁移成功的概率越高，学术机构间关系越强。

5.2.2 网络位置与海归跨国迁移

学术人员能否在学术机构间迁移成功，还与迁入迁出机构在学术人员跨国迁移网络中的位置有关。从网络的角度而言，学术机构的网络位置包括作为迁入机构的位置和作为迁出机构的位置。

学术人员在选择学术机构进行迁移时，更倾向迁移到已经有大量学术人员迁入的学术机构。第一，大量学术人员迁入是学术机构吸引力的重要表征，表明迁入学术机构学术水平高、学术声誉好、工作条件适合，能够充分实现学术人员的自身价值。大量学术人员迁入是学术机构传达的重要信号，能够吸引更多的学术人员迁入。第二，大量学术人员迁入的机构能够降低学术人员不确定性的顾虑。学术人员在选择跨国学术机构的时候，面临信息不对称、政策不稳定、环境不熟悉等众多不确定性因素，如果迁入机构已经吸引了大量学术人员，那么学术人员就会打消不确定性的顾虑。第三，大量学术人员迁入的机构能够形成更好的海外学术网络，为吸引更多学术人员迁入提供信息和示范，为迁入机构更好地吸引海外学术人员（Tranos et al.，2015）。

目前，学术人员与迁入学术机构由于信息不对称、缺乏信任等因素而引起纠纷的事件时常出现在媒体上。例如，刘某在国内某知名高校获得博士学位，曾在美国高校进行学习交流，在网上看到××学院关于引进高层次人才的招聘简章，注明补贴安家费、提供人才公寓居住或过渡性住房居住等福利待遇，刘某义无反顾地前去应聘并加盟××学院。刘某作为老师工作 4 年之后，过渡性住房租金大幅度上涨，二期人才公寓遥遥无期，科研奖励政策等让刘某与学院之间的关系紧张，最后刘某提出辞职，学院则索要大额赔偿。就该案例而言，如果××学院前期有大量高层次海归人才入职，刘某再入职工作，可能会消除很多的信息不对称和不确定性，就不会有类似的问题发生。

学术人员在选择学术机构进行迁移时，更倾向从已经有大量学术人员迁出的学术机构迁出。大量学术人员迁出的学术机构可能有多方面的因素，如学术机构的学术水平和学术声誉非常突出，而多数学术人员难以满足学术机构人员补充的要求。例如，国际顶级的高校哈佛大学、牛津大学等这种情况比较突出，大量博士、博士后或者短期工作人员难以满足学校人员补充的要求，最后只能迁出。

又或者学术机构的科研条件下降、发展空间有限等。与迁入机构类似，这些信息会作为信号传递给学术人员，迁出的人员越来越多，进而形成“羊群效应”（郑文力，2005）。例如，东北地区某高校作为一所综合性大学，近年来管理体系僵化、科研实力下滑、生源质量下坡，导致高层次人才大量迁出，实力大不如前，在学科评估中节节败退。

为此，迁入人员多的学术机构会迁入更多的学术人员，而迁出人员多的学术机构会迁出更多的学术人员。由此，提出以下假设。

假设 5.2a：学术人员在学术机构间迁移时，学术机构迁入的网络位置越突出，迁入成功的概率越高，学术机构之间关系越强。

假设 5.2b：学术人员在学术机构间迁移时，学术机构迁出的网络位置越突出，迁出成功的概率越高，学术机构之间关系越强。

5.2.3 科研合作与海归跨国迁移

科研合作是指两个学术机构共同致力于同一研究任务，通过相互配合、协同合作而实现科研产出最大化目标的一种科学活动，其本质是学术人员之间的资源共享（赵蓉英和温芳芳，2011）。学术机构之间的科研合作不但能够降低信息不对称程度，而且能够使学术人员产生共同的科研目标。学术人员为了提高科研效率，倾向在前期具有良好科研合作的学术机构之间进行迁移。

第一，学术机构间科研合作能够减少信息不对称，有利于学术人员在学术机构间迁移。学术机构之间科研合作越多，学术人员越了解彼此的情况，信息不对称性程度越低（邱均平和翟辉，2011）。科研合作越多的学术机构由于信息对称，学术人员沟通交流起来更方便，科研效率更高，不确定性成本降低。特别是对于需要大量实验操作和数据处理的理工科研究，要求学术人员间进行频繁的互动和协调（王春雷，2013），学术人员间的信息对称显得至关重要。因此，为了降低信息不对称所导致的学术人员之间沟通交流的成本，学术人员倾向在科研合作多的学术机构之间迁移。

第二，学术机构间科研合作能够带来学术人员之间的兴趣一致性，有利于学术人员在学术机构间迁移。学术机构之间的科研合作越多，学术人员间互动交流越多，越有利于了解同研究领域学术人员的学术专长和研究方向，把握学术前沿动态，易于培养一致的科研目标（Chompalov et al.，2002）。为了实现共同的学术目标，志同道合的学术人员倾向聚集到一起。因此，科研合作越多的学术机构之间越容易产生学术人员的迁移。

在实际中，很多学术人员在海归之前会先选择与迁入单位进行合作，或者通过柔性引进的方式增进双方彼此之间的了解。例如，陈十一院士，2001 年开始与北京大学合作，担任北京大学科学与工程计算中心主任，此时仍然担任约翰斯·霍普金斯大学机械工程系终身教授、系主任，2005 年全职回国担任北京大学工学院首任院长，2009 年入选了首批“海外高层次人才引进计划”。

由此，提出以下假设。

假设 5.3a：学术人员在学术机构间迁移时，学术机构间的科研合作越多，迁移成功的概率越高，学术机构间关系越强。

学术机构间科研合作促进学术人员跨国迁移的关键在于学术机构之间的知识能够进行有效的转移和吸收从而获得较高的科研绩效。

学术机构之间的学术距离越小，表明学术机构之间拥有的知识库越相似。随着学术机构间的科研合作越多，学术机构间的知识库会越相似，过于相似的知识库会产生“知识锁定效应”，从而限制了知识创新的产生（Knoben and Oelremans，2006）。从创新产出受限制的角度考虑，学术人员不倾向在学术机构间迁移。学术机构间的学术距离越大，表明合作双方知识差异越大，那么只有在双方学术机构的吸收能力达到较高水平的情况下才能保证知识的有效转移和吸收（Woerter，2012）。这时就要求合作双方都具备合适的知识距离。随着学术机构间科研合作越多，合作双方共有的知识基础越多，新知识的扩散和溢出越容易（周华和韩伯棠，2009）。学术距离远的学术机构间通过进行频繁的科研合作可以获得合适的知识距离，确保知识在机构间的高效转移，学术人员为了更高的科研效率倾向迁移。

在实际中，两个学术机构的学术水平差距比较大，如果彼此能够建立科研合作，有利于学术人员跨国迁移。例如，樊赛军 2003 年担任乔治城大学（Georgetown University）终身副教授，2004 年 4 月被聘为苏州大学第一位海归特聘教授，乔治城大学与苏州大学具有很长的学术距离，在一定程度上促使了合作的深入开始，特聘教授岗采取两地兼顾的形式，即在一年中有一半时间留在苏州大学从事肿瘤抑制基因的相关研究，其余时间仍在美国带领科研人员从事相关领域的探索。经过双方 4 年的磨合，2008 年 10 月樊赛军全职回国，受聘为苏州大学特聘教授。

由此，提出以下假设。

假设 5.3b：学术人员在学术机构间迁移时，学术机构间的学术距离会增强科研合作和学术人员跨国迁移间的正向关系。

组织间的地理距离仍然阻碍着学术人员的跨国迁移，地理距离是影响学术机构间科研合作和学术人员跨国迁移的重要因素。学术机构之间较远的地理距离加剧了双方的信息不对称程度（陈光华等，2015）。学术机构间科研合作越多，信息不对称程度越低，而信息不对称是学术人员进行跨国迁移选择需要考虑的一个重要因素，所以主要从信息不对称的角度来阐述地理距离对科研合作与学术人员跨国迁移的作用机制。

地理距离越远，地区制度文化的差异越大，信息不对称程度越大（王培林和郭春侠，2012），不确定性成本加大，学术人员的迁移成本也会相应增加。跨机构间的科研合作能够促使学术人员进行频繁的科研交流与互动，使学术人员清楚地了解彼此的研究专长，从而降低信息不对称。学术人员为了降低不确定性，提高科研合作效率，倾向在科研合作较频繁的学术机构之间发生迁移。也就是说，地理距离较远的学术机构能从彼此的科研合作中获得更多的对称性信息，降低迁移成本及不确定性成本，从而减少地理距离锁定的负面影响，为学术人员的跨国迁移提供更大的可能性。

从地理距离来看，日本与中国的地理距离要比美国与中国的距离近很多，如果中国与美国学术机构建立科研合作，两者通过科研合作消除的信息不对称和产生的异质性知识要大于中国与日本学术机构建立的科研合作。从这个意义上而言，虽然地理距离邻近有利于科研合作，但是近距离的科研合作过程中消除信息不对称和知识同质性的效应比较弱，不利于科研人员跨国迁移。

由此，提出以下假设。

假设 5.3c：学术人员在学术机构间迁移时，学术机构间的地理距离会增强科研合作和学术人员跨国迁移间的正向关系。

综上所述，本章提出组织层面影响学术人员跨国迁移动力机制的假设模型，如图 5.1 所示。

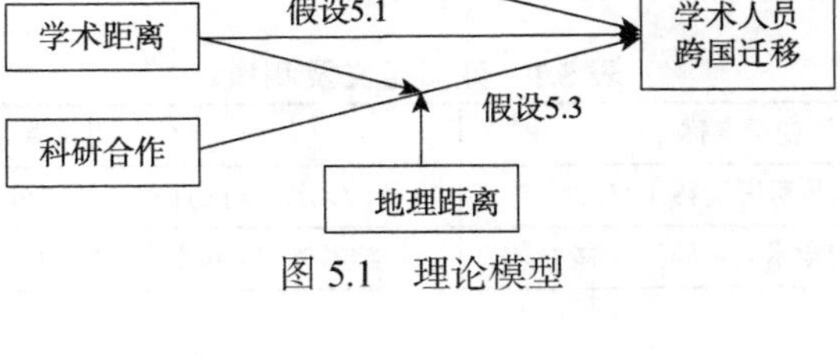

图 5.1 理论模型

5.3 研究设计

5.3.1 研究样本

5.3.1.1 样本选择

以现有研究数据为基础，以“青年海外高层次人才引进计划”项目 1~6 批信息科学领域的入选者为样本，检验学术机构之间的学术距离、学术机构的网络位置，以及学术机构之间的科研合作与学术人员跨国迁移之间的关系。

5.3.1.2 数据来源

本章在数据收集整理的过程中，使用履历分析法来记录学术人员的职业成长历程。样本的基本信息来自“海外高层次人才引进计划”公告的信息科学领域 1~6 批项目入选者名单，主要包括项目入选者的姓名、年龄、专业领域、本科毕业院校、博士毕业院校、现任职单位、是否回国、推荐单位等。在基本信息的基础上，通过入选者国内外任职机构的网站、Research Gate、Google Scholar 个人站点和 Linkedin 等途径来获取入选者的履历信息，采集入选者的申报单位、学科分组、推荐单位、本科毕业时间及院校、博士毕业时间及院校等相关信息，进而获得“青年海外高层次人才引进计划”入选者从本科毕业到回国工作这一段时间的迁移数据。

在数据收集和整理的过程中，有几点需要说明的问题。第一，由于本章在数据采集过程中需要以学术人员跨国迁移网络为基础，在绘制迁移网络的过程中，对于“青年海外高层次人才引进计划”入选者的推荐单位由一个机构转为另一个机构的情况，本章将后转入单位作为推荐单位处理。第二，部分学术机构由于数据缺失，从样本中剔除，如法国高等电力学院、法国巴黎综合理工学院等。

5.3.2 变量界定与测量

本章中相关变量定义及测量如表 5.1 所示。

表 5.1 变量定义及测量

变量类别	变量名称	测量指标
被解释变量	学术人员跨国迁移（$M_{i\text{-}j}$）	学术机构 i 迁移到学术机构 j 的学术人员数
	学术机构间的学术人员跨国迁移（M_{ij}）	学术机构 i 和学术机构 j 间的学术人员迁移总量

续表

变量类别	变量名称	测量指标
解释变量	学术机构间的学术距离（$acad_{ij}$）	学术机构的信息科学学术排名差距
	出度中心度（$odeg_i$）	迁出学术机构在迁移网络中的网络位置
	入度中心度（$ideg_j$）	迁入学术机构在迁移网络中的网络位置
	学术机构间的科研合作（$coop_{ij}$）	学术机构间论文合作数量
	学术机构间的地理距离（$spad_{ij}$）	迁出机构 i 所在城市与迁入机构 j 所在城市间的地理空间距离
控制变量	年龄差（$aged_{ij}$）	两个学术机构建立的时间差
	经济发展水平差（GDP_{ij}）	两个学术机构所在国家及地区之间的经济发展水平差距

5.3.2.1 被解释变量

本章的因变量（被解释变量）是学术人员跨国迁移。在检验学术机构之间的学术距离、学术机构的网络位置与学术人员跨国迁移之间的关系时，因变量用学术机构 i 迁移到学术机构 j 的学术人员数（$M_{i\text{-}j}$）来表征，这是一个带有迁移方向的变量，学术机构 i 为迁出机构，学术机构 j 为迁入机构。

在检验学术机构间科研合作与学术人员跨国迁移之间关系时，用学术机构间的学术人员跨国迁移（M_{ij}）来表征学术人员跨国迁移。首先收集整理出学术机构 i 迁到学术机构 j 的人数与学术机构 j 迁到学术机构 i 的人数，其中学术机构间学术人员迁移总数为学术机构 i 迁到学术机构 j 的人数与学术机构 j 迁到学术机构 i 的人数之和。

5.3.2.2 解释变量

本章的解释变量有 4 个，分别是学术机构间的学术距离（$acad_{ij}$）、学术机构的网络位置（$odeg_i$、$ideg_j$）、学术机构间的科研合作（$coop_{ij}$）、学术机构间的地理距离（$spad_{ij}$）。

学术机构间的学术距离：学术距离的数据来源为基本科学指标（Essential Science Indicators，ESI）数据库，检索学术机构的信息科学学术排名是否进入世界 1%。学术距离是一个虚拟变量，如果一个学术机构信息科学学科进入世界 1%，而另一学术机构信息科学学科没有进入世界 1%，表示两个学术机构间的学术距离较远，定义为“1”；如果两个学术机构的信息科学学科排名同时进入世界 1%或同时没有进入世界 1%，表示两个学术机构间的学术距离较近，定义为“0”。

学术机构的网络位置：学术人员跨国迁移网络以学术机构为节点，包括迁入和迁出两种行为，所以学术机构在学术人员跨国迁移网络中的网络位置包括机构迁出行为的出度中心度（$odeg_i$）和机构迁入行为的入度中心度（$ideg_j$）。入度中心度反映学术机构在网络中吸引优秀人才迁入的能力，出度中心度反映学术机构在网络中培养优秀人才的能力或者留住优秀人才的不足。出度中心度和入度中心度采用社会网络分析软件（Ucinet 6.0）对学术机构在迁移网络中的位置进行测算，并选取了标准化之后的出度中心度和入度中心度。

学术机构间的科研合作：以往研究已有对学术机构科研合作的测度，邱均平和余厚强（2014）将 58 个科研机构在期刊全文数据库中进行两两组合配对检索，得到科研机构之间的合作数据。本章使用 Clarivate Analytics 集团 Web of Science 数据库平台，采用高级检索，输入检索式：“WC=（computer science*）AND OG=（i）AND OG=（j）”，时间跨度为 2005~2010 年，语种为“English”，文献类型为“article”，选取 SCI（Science Citation Index，科学引文索引）和 SSCI（Social Sciences Citation Index，社会科学引文索引）两个数据库进行检索，得出学术机构 *i* 和学术机构 *j* 在计算机信息科学领域 2005~2010 年合著论文的数量。例如，对南京大学与河海大学之间的合著论文数量检索设置如图 5.2 所示，共得到了 12 条检索结果，那么南京大学与河海大学在信息科学领域的合作论文数量就是 12 篇。在信息科学领域，跨国迁移网络共涉及 191 个国内和国际学术机构，根据数据检索本章构建了 191×191 的学术机构科研合作矩阵。

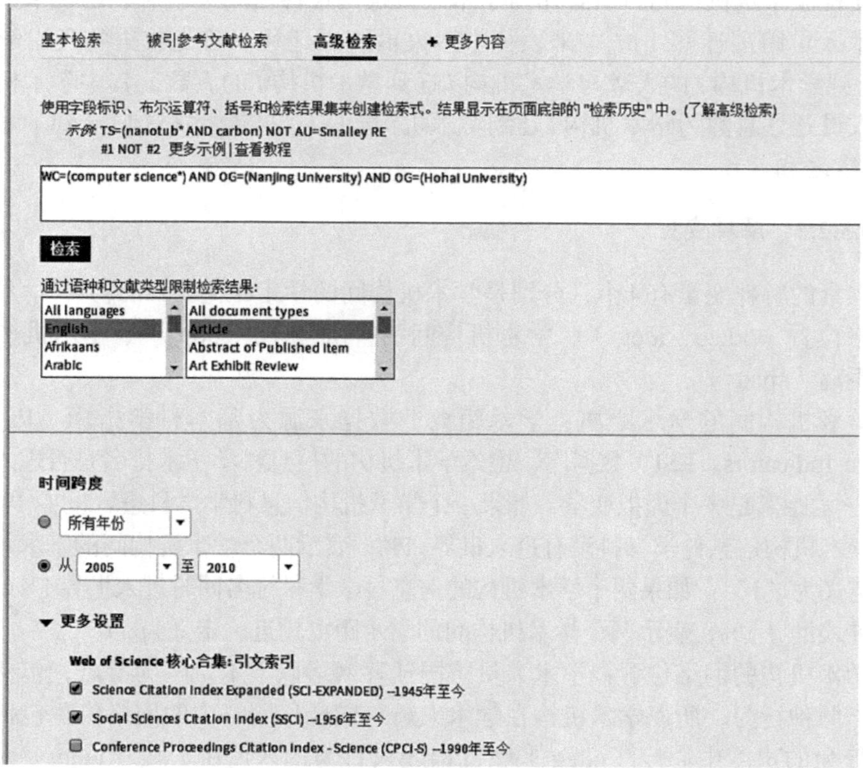

图 5.2 学术机构间合著论文数据检索实例

学术机构间的地理距离：spad 表示迁出机构 i 所在城市与迁入机构 j 所在城市之间的地理空间距离，距离数据来自网站 www.indo.com 中的“距离计算器”（distance calculator）。如果迁出学术机构和迁入学术机构处于同一个城市，那么两者的地理空间距离就为 0。

5.3.2.3　控制变量

为了更好地解释学术人员在学术机构间的迁移问题，除了上述几个主要的解释变量之外，还考虑了两个控制变量，包括两个学术机构建立的时间差（$aged_{ij}$）、两个学术机构所在国家及地区之间的经济发展水平差距（GDP_{ij}）。其中，两个学术机构之间的年龄差，即两个学术机构建立的时间差，是迁入学术机构的建立时间与迁出学术机构的建立时间的差值。

两个学术机构之间的经济发展水平差距是一个虚拟变量，若学术人员从发展中国家迁移到发达国家或从发达国家迁移到发展中国家记为“1”；若学术人员在发展中国家内或发达国家内迁移记为“0”。发达国家与发展中国家按人类发展指数（human development index，HDI）进行划分。1990 年，联合国开发计划署（United Nations Development Programme，UNDP）提出人类发展指数，用以衡量联合国各成员国的经济社会发展水平，突破了传统 GDP 指标的单一性。人类发展指数有预期寿命、教育水准和生活质量三项基础变量，按照一定的计算方法，得出综合指标，计算出各国和各地区的人类发展指数。本章的样本大学所在的国家主要有美国、中国、英国、日本等 18 个国家（表 5.2），判定某个国家为发达国家或发展中国家主要是根据其 2018 年人类发展指数是否高于 0.8 来确定。人类发展指数超过 0.8 的国家或地区为发达国家或地区，人类发展指数不超过 0.8 的国家或地区为发展中国家或地区。

表 5.2　2018 年样本国家人类发展指数

国家	人类发展指数	国家类型	国家	人类发展指数	国家类型
中国	0.752	发展中国家	德国	0.936	发达国家
美国	0.924	发达国家	法国	0.901	发达国家
瑞典	0.933	发达国家	比利时	0.916	发达国家
丹麦	0.929	发达国家	澳大利亚	0.939	发达国家
日本	0.909	发达国家	意大利	0.88	发达国家
英国	0.922	发达国家	瑞士	0.944	发达国家
新加坡	0.932	发达国家	荷兰	0.931	发达国家
韩国	0.903	发达国家	芬兰	0.92	发达国家
加拿大	0.926	发达国家	爱尔兰	0.938	发达国家

资料来源；联合国开发计划署于 2018 年发布的世界各国的人类发展指数

5.3.3 实证模型选择

5.3.3.1 学术机构的学术距离、网络位置与学术人员跨国迁移模型设定

本章选择运用引力模型探究学术机构的网络位置、学术机构之间的学术距离对学术人员跨国迁移的影响。实际上，引力模型在国际贸易和人口迁移领域的运用已经非常成熟，学术人员在学术机构间的跨国迁移活动具有双边属性及二值特征，在学术人员的跨国迁移研究中已经发现了显著的引力定律。

学术人员跨国迁移的人才循环逐步形成了国家双边关系，为双边引力模型的建立和运用奠定了基础。引力模型用于模型化跨国迁移具有非常悠久的历史，近年来由于迁移数据的可获取性，特别是二值数据（如迁出地和迁入地有人员迁移为1，否则为0）格式的运用，跨国迁移双边引力模型重新获得青睐（Anderson，2011）。引力模型能够很好地对迁移活动进行模型化，充分发挥迁移数据的特点和优势。所以，本章运用引力模型来研究学术人员在学术机构间的迁移，进而揭示学术人员在学术机构间迁移的组织因素。以人口迁移研究中的引力模型为基础，本章建立了适合学术机构间学术人员迁移的模型表达式：

$$M_{i\text{-}j} = k \times \left(P_i P_j\right) / D_{ij} \tag{5.1}$$

其中，$M_{i\text{-}j}$ 为学术机构 i 迁移到学术机构 j 的学术人员数；P_i、P_j 分别为学术机构 i 和 j 的属性因素；D_{ij} 为学术机构 i 到学术机构 j 的学术距离；k 为系数。

在组织层面上，进一步细化学术人员在学术机构间跨国迁移的组织属性因素，在引力模型中引入迁出机构的出度中心度及迁入机构的入度中心度作为解释变量，以及其他控制变量，提出实证模型：

$$\begin{aligned} M_{i\text{-}j} = {} & \beta_0 + \beta_1 \mathrm{odeg}_i + \beta_2 \mathrm{ideg}_j + \beta_3 \mathrm{acad}_{ij} + \beta_4 \mathrm{spad}_{ij} \\ & + \beta_5 \mathrm{aged}_{ij} + \beta_6 \mathrm{GDP}_{ij} + \varepsilon_{ij} \end{aligned} \tag{5.2}$$

其中，β_1、β_2、β_3、β_4、β_5、β_6 为回归系数；ε_{ij} 为无法观察到的随机因素。由于因变量学术人员迁移数量的取值属于非负整数并且含有大量的“0”，因此本章考虑选择“零膨胀泊松回归”（零膨胀负二项回归）或“标准的泊松回归”（标准的负二项回归）。在实际使用过程中常采用Vuong统计量来选择合适的模型。运用 Stata 软件测算出 Vuong 统计量值很小，则应该选择“标准的泊松回归”或“标准的负二项回归”。对样本数据进行描述性统计，显示因变量的均值大致等于其方差，所以本章最终选择标准的泊松回归模型进行实证分析。

Beine 等（2016）在其研究中指出，双边数据在跨国迁移中的分析既有优势又有挑战，优势是运用学术人员跨国迁移的二值数据可以阐明之前没有回答的大量问题；挑战在于由于数据的特性，需要解决多重共线性和内生性大量的问题；迁出

地和迁入地的属性要素包括收入、移民政策、环境要素等，二值要素包括网络关系、双边迁移政策、语言和文化距离等。

5.3.3.2　学术机构的科研合作与学术人员跨国迁移模型设定

学术机构之间的科研合作属于组织间的关系变量，学术人员在学术机构之间的跨国迁移同属于组织间的关系变量，由于关系数据存在结构自相关，传统的最小二乘法无法检验关系变量之间的关系。QAP 模型是用来检验关系变量之间的关系的，它能够解决关系数据本身存在的结构自相关的问题，从而很好地解释关系变量之间的关系。QAP 作为社会网络分析方法中的一种工具，能避免传统统计分析方法的多重共线性问题，对网络关系数据之间关系进行多元回归分析（许冠南等，2019）。

因此，本章选择运用 QAP 回归分析方法来探讨学术机构间的科研合作与学术人员跨国迁移之间的关系，学术机构间学术距离、地理距离对学术机构间科研合作与学术人员跨国迁移间关系的调节作用机制。所有的变量均构建成学术机构间的关系矩阵，矩阵的行和列分别代表相同的学术机构，矩阵中的数值代表关系强度。本章基于 1~6 批信息科学领域 211 位“青年海外高层次人才引进计划”入选者的迁移数据，最后整理得到所有的入选者在 191 所学术机构中发生了迁移，为此构建出行数为 191、列数为 191 的矩阵。其中，学术人员跨国迁移矩阵中的数值表示任意两个学术机构之间的迁移人数总量，学术机构间合作矩阵中的数值表示任意两个学术机构之间的合作论文的数量。

5.4　实证研究结果

5.4.1　学术机构间迁移网络的构建及分析

5.4.1.1　学术人员跨国迁移网络的构建

入选者在机构之间的跨国迁移建立了这些学术机构的学术关系，形成了学术人员跨国迁移网络。在绘制学术人员跨国迁移网络之前，本章将信息科学领域 1~6 批 211 位“青年海外高层次人才引进计划”入选者的迁移历程分为“本科毕业院校”“博士毕业院校”“现任职单位”“推荐单位”。学术人员跨国迁移网络中，有些入选者一直在同一所学校，没有发生跨国迁移；有些入选者可能在不同的学术机构之间发生了多次迁移。本章基于信息科学领域 1~6 批“青年海外高层次人才引进计划”入选者的迁移数据，采用社会网络分析软件 gephi 绘图工具，构建了可视化的学术人员跨国迁移网络图（图 5.3）。

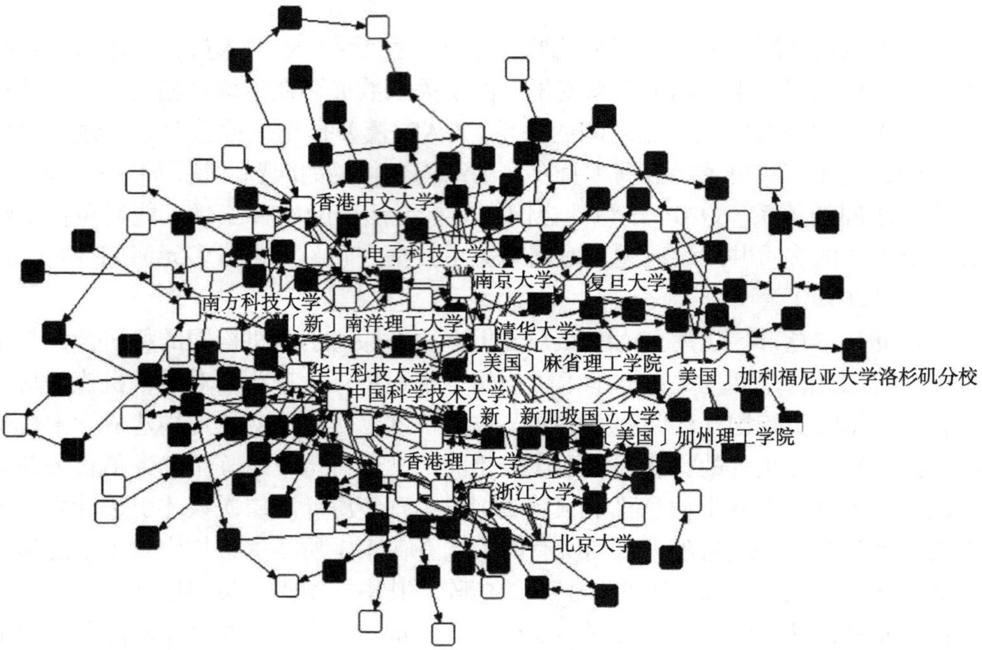

图 5.3 “青年海外高层次人才引进计划”入选者迁移网络

节点是学术机构，连接线是学术人员在学术机构间的迁移关系，黑色节点代表海外学术机构，白色节点代表国内学术机构

学术人员跨国迁移网络以学术机构作为网络节点，学术人员在学术机构之间的迁移作为网络连接，如 2008 年施一公教授从美国普林斯顿大学迁移到清华大学，实际上就是在普林斯顿大学和清华大学之间建立了联系。信息科学领域 1~6 批“青年海外高层次人才引进计划”211 位入选者在 191 个学术机构间迁移了 342 次，形成了学术人员跨国迁移网络。

学术人员的主要迁入学术机构有清华大学、电子科技大学、南京大学、香港中文大学、南洋理工大学、新加坡国立大学、加利福尼亚大学洛杉矶分校、麻省理工学院，主要迁出学术机构有中国科学技术大学、浙江大学、复旦大学、华中科技大学、北京大学。主要迁出学术机构是青年学术海归的本科或者硕士培养单位，而主要迁入学术机构是博士培养单位，当然也包括学成归国之后的迁入单位。

5.4.1.2 学术人员跨国迁移网络特征分析

学术人员跨国迁移网络特征是网络所具有的结构关系特征。网络结构特征由学术人员跨国迁移形成，学术人员跨国迁移的驱动因素会影响网络结构形成；与此同时，网络结构自身也会存在自演化问题，前期的结构特征会影响当期的结构特征。学术人员跨国迁移网络的网络特征是全球共同的现象，其背后的动力机制即影响学术人员在学术机构间跨国迁移的动力机制。

学术机构间学术人员跨国迁移网络规模、密度、中心性、距离和连接关系等指标见表5.3。网络规模是191，即网络中包含了191个学术机构。网络度数中心性（势）为 7.36%，也就是说，网络节点连接中有 7.36%已经建立了连接。节点度数中心度较高的学术机构是清华大学、中国科学技术大学、南洋理工大学、浙江大学、新加坡国立大学、香港科技大学，说明这些机构是信息科学领域青年海外高层次人才的主要培养和工作机构。在 2019 软科中国最好学科排名中，与信息科学相关的信息与通信工程和计算机科学与技术两个一级学科，清华大学都排名第一。

表 5.3 学术人员跨国迁移网络指标分析

网络指标	指标数值
网络规模	191
度数中心性	7.36%
中间中心性	18.94%
平均距离	3.803
基于凝聚性的距离	0.218
基于孤立点的距离	0.782
网络连接总数	335
最大连接数目	3

网络中间中心性为 18.94%，其中节点中间中心度较高的学术机构为清华大学（19.906）、中国科学技术大学（13.028）、南洋理工大学（12.108）、浙江大学（10.138）、新加坡国立大学（8.875）。由此可见，网络度数中心度与中间中心度高的节点有很多重合，大量学术人员迁入和迁出的学术机构，也承担了网络中桥接的角色，连接了不同的学术机构。

网络的平均距离为 3.803，基于凝聚性的距离为 0.218，基于孤立点的距离为 0.782，说明在学术人员跨国迁移网络中，凝聚节点的数量较多。网络连接总数为 335，表明网络节点学术机构之间的学术人员迁移频繁，其中清华大学与伊利诺伊大学、清华大学与加利福尼亚大学洛杉矶分校、清华大学与麻省理工学院的学术人员迁移数量最多，学术人员迁移总量为 3 人。在信息科学领域，清华大学培养了大批的优秀人才，同时也吸引了很多青年高层次优秀人才海归。

5.4.2 变量描述性统计与相关性分析

5.4.2.1 学术机构的学术距离、网络位置与学术人员跨国迁移

为了准确把握数据的基本特征及变量之间的相关关系，首先进行了描述性统计和相关性分析，如表 5.4 所示。

表 5.4 变量描述性统计与相关性分析结果

变量	平均值	标准差	1	2	3	4	5	6	7
1.$M_{i\text{-}j}$	0.009 3	0.102 3	1.000 0						
2.acad_{ij}	0.497 7	0.500 0	−0.019 8***	1.000 0					
3.odeg_i	0.324 4	0.552 8	0.156 5***	0.026 9***	1.000 0				
4.ideg_j	0.313 9	0.364 9	0.106 1***	0.037 8***	−0.003 9	1.000 0			
5.lnspad_{ij}	8.401 8	1.343 9	0.001 3	0.015 0***	−0.021 0***	−0.007 7	1.000 0		
6.aged_{ij}	−7.858 9	1.191 6	0.021 7***	−0.025 7***	0.040 5***	0.022 5***	−0.867 2***	1.000 0	
7.GDP_{ij}	0.473 5	0.499 3	0.044 0***	−0.005 1	0.035 4***	0.021 7***	0.502 1***	−0.042 8***	1.000 0

***表示 $p<0.01$

迁出机构与迁入机构之间学术人员迁移数量的均值是 0.009 3，标准差是 0.102 3，表明学术机构之间迁移数量的平均水平较低，很多学术机构之间没有学术人员迁移。学术人员的跨国迁移具有显著的集中化特征，多数高层次学术人员来自少数高层次学术机构，也会在少数高层次学术机构之间迁移。

学术机构之间的地理距离均值是 8.401 8，标准差是 1.343 9，说明学术机构所在城市之间的距离普遍较远；标准差低于均值，表明不同学术机构间的地理距离远近相差不大，学术机构之间的学术距离均值是 0.497 7，标准差是 0.500 0，说明学术机构间的学术能力差距较小。迁出机构的出度中心度均值是 0.324 4，标准差是 0.552 8。迁入机构的入度中心度均值是 0.313 9，标准差是 0.364 9。学术机构的出度中心度均值大于学术机构的入度中心度均值，表明迁出学术机构相对集中，多数学术人员从少数几个学术机构迁出，而迁入多数的学术机构。

如表 5.4 所示，学术距离、学术机构的出度中心度和入度中心度与学术人员

迁移数量之间存在有显著的相关关系，说明解释变量对学术机构间的学术人员迁移数量具有重要的影响。解释变量与控制变量之间的偏相关性较弱，不存在多重共线性问题。

5.4.2.2 学术机构的科研合作与学术人员跨国迁移

本章利用Ucinet软件中的单变量描述性统计方法统计了各自变量的数据，包括均值、标准差、最小值与最大值（表5.5）。

表5.5 单变量描述性统计分析

变量	均值	标准差	最小值	最大值	观测值
科研合作	0.701 515 6	4.642 128	0	493	18 145
学术距离	0.469 550 8	0.499 085 7	0	1	18 145
地理距离（ln）	8.401 884	1.346 067	0	9.94	18 145
年龄差	−6.778 506	116.360 5	−772	801	18 145
经济发展水平差	0.472 196 2	0.499 240 1	0	1	18 145

由表5.5可知，学术机构间的科研合作均值是0.701 515 6，说明学术机构间的科研合作数量较少，学术机构并没有意识到与其他学术机构进行科研合作的重要性。科研合作的标准差是4.642 128，标准差大于均值，说明不同学术机构间的科研合作数量波动较大，很多科研合作集中在少数机构。

学术机构之间的地理距离对数的均值是8.401 884，标准差是1.346 067，说明学术机构所在城市之间的距离普遍较远；标准差低于均值，表明不同学术机构间的地理距离远近波动不大。地理距离一方面会增加交通成本和信息不对称，另一方面也会带来知识异质性。

为了研究科研合作与相关变量的密切程度，揭示变量之间的真实关系，本章利用Ucinet软件的QAP方法，对各变量间的相关性进行了分析（表5.6）。由表5.6可知，学术机构间科研合作与学术距离之间呈现显著的负相关关系，表明学术距离较近的学术机构间更倾向进行科研合作。

表5.6 自变量之间的QAP Pearson相关系数

变量	科研合作	学术距离	地理距离	年龄差	经济发展水平差
科研合作	1.000				
学术距离	-0.074^{***} （0.000）	1.000			
地理距离	-0.166^{***} （0.000）	0.004 （0.387）	1.000		

续表

变量	科研合作	学术距离	地理距离	年龄差	经济发展水平差
年龄差	0.010 （0.156）	0.049*** （0.000）	0.008 （0.229）	1.000	
经济发展水平差	−0.096*** （0.000）	0.015 （0.119）	0.504*** （0.000）	0.023*** （0.041）	1.000

***表示 $p<0.01$

此外，地理距离与科研合作之间存在显著的负相关关系，这与现有研究的认知一致，学术机构间地理距离越远，沟通交流成本越高，科研合作活动越少。虽然数字技术降低了学术人员之间沟通和交流的成本，但是面对面的交流和沟通仍然不可替代，地理距离仍然是面对面交流和沟通的主要障碍。学术机构间的年龄差与学术距离之间存在显著的正向相关关系，也就是年龄差越大，学术距离越大，这体现了信息科学领域主要布局在传统名校，具有一定的历史积累。

经济发展水平差与科研合作之间存在显著的负相关关系，充分说明科研合作在经济发达国家之间或者新兴国家之间合作比较多，而经济发达国家与新兴国家之间的合作相对比较少。经济发展水平差与地理距离、年龄差之间存在显著的正相关关系。

5.4.3 回归分析

学术机构之间的学术距离、学术机构的网络位置与学术人员跨国迁移的泊松回归分析结果如表 5.7 所示。

表 5.7 学术距离、网络位置对学术人员跨国迁移的泊松回归分析结果

变量	模型 1	模型 2	模型 3	模型 4
$acad_{ij}$		−0.851 856 5***		−0.523 624***
$odeg_i$			0.692 586 1***	0.673 962 9***
$ideg_j$			1.432 068***	1.382 975***
$spad_{ij}$	−0.094 541 5	−0.120 624 3	−0.011 220 6	−0.029 375 8
$aged_{ij}$	0.151 898 5	0.127 646 4	0.138 483 9	0.119 695 6
GDP_{ij}	1.255 201***	1.299 704***	0.979 753 9***	1.001 803***
_cons	−3.460 982***	−3.140 109***	−5.216 7***	−4.988 473***
LR chi2	109.57***	164.16***	644.31***	663.50***

***表示 $p<0.01$

模型 1 为基础模型，包含所有控制变量，回归结果显示两个学术机构之间的地理距离对学术机构之间的学术人员迁移数量具有负向影响，也就是说，从地理距离来看，从新加坡引进高层次人才要比从美国引进高层次人才容易。两个学术机构所在国家之间的经济发展水平的差距对学术机构之间的学术人员迁移数量具有显著的正向影响（β=1.255 201，p<0.01），经济发展水平的差距越大，学术机构之间的人员迁移数量越多，学术人员主要在经济发达国家与新兴国家之间迁移，其中既包括海外学习也包括回归。学术机构之间的年龄差对学术机构之间学术人员迁移数量的影响并不显著。

模型 2 中加入了学术距离变量，回归结果显示学术距离对学术机构之间的学术人员迁移数量具有显著的负向影响（β=−0.851 856 5，p<0.01），即两个学术机构之间的学术差距越大，越不利于知识的消化吸收，学术机构之间联系也就越少，学术人员迁移数量也就越少，从而验证了假设 5.1。在实践中，无论是学术机构招生还是引才，都希望吸引优秀的学生和学术人员，而学生在选择学术机构时都希望到高水平的学术机构学习和工作；学术机构在选择学术人员时，学术人员的教育背景是最重要的信息，学术人员在学术机构经历的学术训练是其学术生涯最重要的通行证。所以，学术机构会选择与其学术水平相当的机构毕业的学生或者学术人员，太高或者太低均难以相互匹配。

模型 3 中加入了学术机构的网络位置变量，即迁出机构的出度中心度和迁入机构的入度中心度。回归结果显示不管是迁出机构的出度中心度还是迁入机构的入度中心度，对学术机构之间的学术人员迁移数量均存在显著的正向作用（β=0.692 586 1，p<0.01；β=1.432 068，p<0.01）。即迁出学术机构的出度中心度越高，学术人员迁出的概率越高；迁入学术机构的入度中心度越高，学术人员迁入的概率越高。从而验证了假设 5.2a 和假设 5.2b。在学术人员跨国迁移网络中，学术机构在网络中的权力会直接决定其后续学术人员的迁入和迁出，这就是网络结构演化的内在动力机制。

模型 4 把所有的解释变量和控制变量都放进了模型，结果显示学术距离与学术人员迁移的数量之间存在显著的负相关关系（β=−0.523 624，p<0.01），并且迁出机构的出度中心度和迁入机构的入度中心度对学术人员迁移的数量均具有显著的正向促进作用。由此可以认为，学术机构的网络位置在很大程度上替代了两者之间的学术距离效应。在模型 1~模型 4 中，学术机构间的年龄差与学术机构间学术人员迁移数量之间存在正相关关系，但是结果并不显著。学术机构所在国家的经济发展水平差与学术人员迁移数量之间存在显著的正相关关系。

学术机构间科研合作与学术人员跨国迁移，学术机构间地理距离、学术距离对学术机构间科研合作与学术人员跨国迁移的调节作用机制回归结果见表 5.8。表 5.8 是利用 QAP 回归分析方法将矩阵数据导入 Ucinet 中 QAP 回归分析对话框后，对矩阵进行了 2 000 次的置换，得到的 QAP 多元回归分析结果。

表 5.8 QAP 多元回归分析结果

变量	模型 5	模型 6	模型 7	模型 8	模型 9
科研合作		0.047 497***	0.041 942***	0.005 785**	0.005 832*
学术距离			−0.020 825***		
地理距离				−0.034 605**	
科研合作×学术距离			0.024 806**		
科研合作×地理距离				0.076 413***	
年龄差	0.027 126***	0.026 522***	0.026 163***	0.024 994**	0.025 088**
经济发展水平差	0.058 670***	0.063 241***	0.064 985***	0.087 551***	0.087 114***

***表示 $p<0.01$，**表示 $p<0.05$，*表示 $p<0.1$

注：交互项均进行了中心化处理，变量之间不存在多重共线性问题

模型 7 在模型 6 的基础上加入了学术距离及科研合作与学术距离的交互项，用来验证学术机构间的学术距离对学术机构间科研合作与学术人员跨国迁移之间正向关系的调节作用。回归结果显示交互项与学术人员迁移数量之间存在显著的正相关关系（β=0.024 806，$p<0.05$），表明学术机构间的学术距离正向调节科研合作与学术人员跨国迁移之间的正向关系，证明了假设 5.3b。

模型 8 在模型 6 的基础上加入了地理距离及科研合作与地理距离的交互项，用来验证学术机构间的地理距离对学术机构间科研合作与学术人员跨国迁移之间关系的调节作用。在验证交互项的影响时，本节对交互项进行了中心化处理，消除了多重共线性的问题。回归结果表明，地理距离和科研合作交互项与学术人员迁移数量之间存在显著的正相关关系（β=0.076 413，$p<0.01$），表明学术机构间的地理距离正向调节科研合作与学术人员跨国迁移之间的正向关系，验证了假设 5.3c。在模型 5~模型 9 中，学术机构之间的年龄差与学术人员迁移数量之间存在显著的正相关关系，学术机构间的经济发展水平差对学术人员迁移数量存在显著的正向影响。

在所有的模型中，学术机构所在国家的经济发展水平差与学术人员迁移数量之间存在显著的正相关关系，这与以往的研究结论一致。因为经济发展水平高的国家有更多的研发经费、更完备齐全的研发基础设施、更多的发展机会等，所以学术人员在选择进行国际迁移时，学术机构所在国家的经济发展水平是一个需要考量的重要因素。在模型 1~模型 4 中，学术机构间的年龄差对学术人员迁移数量存在正向影响，但结果不显著。在模型 5~模型 9 中，学术机构间的年龄差对学术人员迁移数量存在显著的正向影响，主要是因为建校时间久的学术机构学术水

平较高，具有发达的学术网络，通常具有更好的发展环境，学术人员也就更愿意迁入。

5.5 本章小结

5.5.1 研究结论

本章运用引力模型和 QAP 回归分析等方法对“青年海外高层次人才引进计划”入选者迁移数据进行假设检验，得出以下研究结论。

第一，学术机构之间的学术距离对学术人员跨国迁移具有重要的影响，两个学术机构的研究水平相当时，学术人员在学术机构之间迁移的概率更大。通过在学术水平相差不多的学术机构之间进行迁移，学术人员之间知识交互的效率更高，信息传递速度更快。该研究结论在一定程度上解释了为什么中国科学院和 C9 高校是引进青年海外高层次人才的主体。

对学术机构而言，引进青年海外高层次人才时一定要量力而行，要根据自身的水平和层次吸引能够与自己匹配的人才，超出学术机构层次太多的高层次人才可能并不合适。当然，对新兴高校而言，引进高层次人才是快速发展的重要途径之一。对学术人员而言，选择迁入比之前毕业院校层次太低或者太高的学术机构可能都不是太好的选择，如果迁入学术机构层次太低，学术人员在制度环境方面会有很多不适应，如果迁入学术机构层次太高，学术人员会难以满足相关要求。

第二，学术机构度数中心度与学术人员迁移数量之间存在显著的正相关关系。迁出学术机构的出度中心度越高，学术人员迁出的概率越大；迁入学术机构的入度中心度越高，学术人员迁入的概率越大。学术机构在学术人员跨国迁移网络中处于不同的网络位置，占据优势网络位置的学术机构在吸引人才流动时更具有竞争力。学术机构在网络中占据中心位置会形成累积效应，会有越来越多的学术人员愿意迁入，这也是“青年海外高层次人才引进计划”入选者集中迁入清华大学、中国科学技术大学等少数学术机构的原因。

对于在学术人员跨国迁移网络中占据中心位置的学术机构而言，其应该充分利用自身的网络位置优势吸引青年海外高层次人才迁入，与此同时，要留住这些高层次人才，给他们充分发展的舞台。由于青年海外高层次人才具有很强的迁移能力，如果迁入学术机构不能提供友好的发展环境，学术人员也会选择迁出，如果学术机构的人员迁出形成网络效应，就可能出现大规模的人才流失。

第三，学术机构间的科研合作正向影响学术人员的跨国迁移。学术机构间的科研合作越多，学术人员在学术机构间迁移成功的概率越高。

学术机构间的地理距离正向调节学术机构间科研合作与学术人员跨国迁移之间的正向关系。地理距离较远的学术机构间频繁的科研合作更能促进学术人员的跨国迁移。相对于距离较远的合作者而言，近距离的合作更可能在合作中解决交流和信息传导过程中出现的问题，提高合作的效率。

学术机构间的学术距离正向调节学术机构间科研合作与学术人员迁移之间的正向作用。学术机构间的学术距离越大，学术机构间频繁的科研合作越能够促进学术人员的跨国迁移。学术距离有利于学术水平低的学术机构在科研合作中吸收学术水平高的学术机构的先进知识。

地理距离仍然是阻碍学术人员迁移的一个重要因素，这与以往研究得出的结论一致。尽管现代交流和通信技术发展迅速，但是地理距离死亡并没有成为现实。相对于远距离的迁移来说，近距离的迁移可以获得即时的沟通，成本更低，交互频率更高，知识流动和知识被消化吸收的速度更快。

5.5.2 学术贡献

本章在一定程度上拓展和深化了现有理论的内涵，学术贡献主要表现为以下两个方面。

第一，超越两国双边分析框架，运用网络理论以学术机构作为节点，以学术人员迁移关系为连接，建立学术机构层面的多边网络分析模型。针对现有研究主要关注国家层面双边关系，即母国（迁出国）—东道国（迁入国）—母国（回迁国）关系的分析框架，本章构建了以学术机构为节点的学术人员跨国迁移网络，基于“青年海外高层次人才引进计划”入选者迁移数据搭建了跨国迁移数据平台，系统阐述了学术机构的网络位置（出度中心度和入度中心度）特征对学术人员跨国迁移的影响，发现迁出机构的出度中心度和迁入机构的入度中心度与学术人员跨国迁移之间均存在显著的正相关关系。学术机构迁移网络的网络位置特征对学术人才迁移的正向影响在一定程度上证明了网络的真实存在，丰富了全球知识网络的理论基础，为全球知识网络的理论提供了一定的经验支撑。

第二，针对现有研究多关注属性、少关注关系，多关注国家、少关注组织的不足，提出学术人员跨国迁移的成功得益于“人员-机构”的匹配，而人员属性在很大程度上取决于其迁出机构的观点。现有研究主要关注国家层面和个人层面的动力机制研究，少数组织层面的研究也主要关注组织“属性”因素。实际上，“人员-机构”匹配是学术人员跨国迁移成功的关键，同时学术人员的学术属性取决于机构属性，是否匹配不仅需要考虑双方机构的属性特征，迁入学术机构与迁出学术机构之间的关系也是学术人员跨国迁移成功的重要动因。本章相关研究结论丰富了组织层面影响学术人员跨国迁移的动力机制研究，为我国吸引海外高层次学术人员全职回国工作政策的制定提供了丰富的理论支撑。

6 青年学术海归跨国迁移的科研效应

目前，学术界对于青年学术海归跨国迁移之后的科研产出和学术效应进行了大量定量研究。研究结果表明，一方面海归有助于促进科研产出和学术水平提升；另一方面海归与本土博士相比，其在职业发展上并没有明显的优势。应该看到，现有研究主要关注海归个体。实际上，学术机构在引进海归时考虑的不仅是其个人的未来发展潜力，更看重其未来带领整个学科科研团队发展的能力。为此，本章主要关注海归对于学术机构的科研效应，即海归是否提升了学术机构的科研产出和竞争力。

6.1 基础理论

“青年海外高层次人才引进计划”作为一项公共政策，其政策过程包括将政策问题提上议程、形成政策选择、做出政策决定、实施政策内容、评估和反馈政策效果、政策修正等一系列政策循环周期的总和。20 世纪 50 年代以后，国际社会对中国政策过程的研究经历了从精英研究到派系研究，再到官僚组织决策研究，更多地关注政策过程的机制，而当前政策制定者、学界和公众最关心的是政策效果（薛澜和陈玲，2005）。

美国学者史密斯（T. B. Smith）在《政策科学》（*Policy Sciences*）上发表的《政策执行过程》（The policy implementation process）一文提出了一个分析政策执行因素及其生态的理论模型，该模型又称“史密斯模型”（Smith，1973）。史密斯认为政策执行所涉及的因素很多，但以以下四个为主要变量。

一是，理想化的政策，即合法、合理、可行的政策方案，具体包括政策的形式、类型、渊源、范围，以及社会对政策的认识。“青年海外高层次人才引进计划”就是一项海外人才引进政策，其目标是引进海外高层次学术人才。

二是，执行机关，通常是指政府中具体负责政策执行的机构，包括执行机构的权力结构，人事配备及其工作态度，领导模式和技巧，以及执行人员的情况。“青年海外高层次人才引进计划”执行机关包括教育部、科学技术部、人力资源和社会保障部、中国科学院、中国工程院、国家自然科学基金委员会等机构。

三是，目标群体，即政策对象，泛指由于特定的政策决定而必须调整其行为的群体，包括他们的组织或制度化程度、对领导的认知程度及先前的政策经验。“青年海外高层次人才引进计划”的目标群体包括科研机构、高等院校及海外留学人员。

四是，环境因素，即与政策生存空间相关联的因素，包括政治环境、经济环境、文化环境、历史环境等，是政策执行的路径依赖和影响因素。

在政策执行过程中这四个主要变量及其相互关联对政策执行效果产生影响，其中政策、执行机关及环境因素最后都会在目标群体身上产生作用，也就是说，如果科研机构和高等院校能够通过引进海外高层次人才而提升其科研产出，那么可以认为政策产生了一定的正向效应。

与其他要素投入一样，学术机构引进海外高层次人才也存在边际效用递减，即在其他条件不变的情况下，如果一种投入要素连续地增加到一定数量值，产出的增量就会下降，即可变要素边际效用递减。根据边际效用递减原理，“青年海外高层次人才引进计划”入选者作为一种人力资本要素，其投入达到一定阈值时，对大学科研产出的效用也会呈递减趋势（Hoang and Rothaermel，2005）。

6.2 研究假设

6.2.1 高校是否引进海外学术人才与科研产出相关假设

海外学术人才主要通过以下三个方面影响高校科研产出。

第一，海外学术人才能够推动高校科研经费投入和基础设施建设。以“青年海外高层次人才引进计划”为例，国家根据实际情况对“青年海外高层次人才引进计划”入选者提供3年100万~300万元科研经费。在此基础上，很多省份和高校都对科研经费进行了配套，如中南大学在国家100万~300万元科研经费的基础上，学校 1∶1 进行配套，并且“青年海外高层次人才引进计划”入选者可以根据需求申报校内大型仪器设备专项。大量科研经费的投入和基础设施的建设有利于高校科研产出的提升。

第二，海外学术人才能够为高校提供高水平的人力资本。海外学术人才一般都来自欧美等科技强国，其人力资本水平普遍高于国内平均水平，其在国外获得的技能和知识有助于引进高校拓宽研究领域、提高科研质量。第 3 章基本特征分析和第 4 章基本学术特征研究已经表明，归国的青年海外学术人才的学术水平普遍要高于国内同年龄层学术人才的平均水平。同时，引进海外学术人才能够加剧国内学术市场的竞争，激励本土科学家提高获取和学习新知识的能力，从而提高整体人力资源水平，提升高校科研产出。高校调研显示，海归人才具有一定的“鲶鱼效应”，在很大程度上会激发高校的活力和潜力。

第三，海外学术人才能够为高校带来更多高水平的国际社会资本。加入国际学术网络是提升科研产出的必要前提条件（Li et al.，2013）。海外学术人才在海外积累了广泛的国际合作网络，可以为高校国际合作提供丰富的学术网络和资源，形成更丰富和更有影响力的科研产出（陈昌贵和陈学飞，2003；Gonzalez-Brambila et al.，2013）。实际上，青年海外高层次人才具有广泛的国际合作网络，合作者包括其博士生导师、博士后合作导师、课题组其他研究人员等，引进高校在很大程度上能够借助其国际合作网络提升整体科研水平。

因此，本章提出以下假设。

假设 6.1a：高校引进海外学术人才能够提升科研产出数量。

假设 6.1b：高校引进海外学术人才能够提升科研产出质量。

高校学术水平与其每年从政府获得的科研经费密切相关（Lundh，2011），不同学术水平的高校存在显著的要素禀赋差异，从而导致同一政策效果可能存在显著差异。高学术水平高校在学科基础、科研经费、基础设施和人力资本等方面比低学术水平高校更好，与世界一流高校的学术水平更接近。根据边际效用递减原理，当高校人力资本要素投入达到一定阈值时，对其科研产出的效用会呈递减趋势，高水平高校本身具有大规模和高水平的人力资本，海外学术人才更多地扮演“锦上添花”的角色，边际效用较小。

比较而言，低学术水平高校科研经费相对较少，基础设施和人力资本相对落后，海外学术人才能够“雪中送炭”，对这些高校科研产出的促进作用更大。一是，引进海外学术人才为高校带来大量科研经费，推动基础设施建设，有利于低学术水平高校科研快速发展；二是，低学术水平高校人力资本和社会资本相对薄弱，海外学术人才可以为其带来高水平人力资本和社会资本，使其进入更高水平的国际学术网络，提高科研产出质量和科研影响力。

从实践工作来看，“青年海外高层次人才引进计划”的实施具有边际效用递减效应，C9 高校处于中国高校的金字塔顶端，大规模引进海外高层次人才会进一步巩固其地位，但是这些青年海归中的“青年海外高层次人才引进计划”候选人并不会在科研经费、基础设施等方面获得特别的支持；相反，苏州大学等“211”高校引进高层次人才会匹配更多的学术资源，引进人才也会发挥更大的作用。

因此，本章提出以下假设。

假设 6.2a：相对于高学术水平的高校，海外学术人才对低学术水平高校科研产出数量的促进作用更大。

假设 6.2b：相对于高学术水平的高校，海外学术人才对低学术水平高校科研产出质量的促进作用更大。

6.2.2 高校海外学术人才引进强度与科研产出相关假设

高校某一个学科引进多少人才合适一直是管理者思考的一个问题。当高校引进海外学术人才数量较少时，海外学术人才虽然能够发挥一定作用，但是由于国内外学术环境和氛围的差异，想要融入本土科学家群体并非易事。正如曹聪教授在《纽约时报》采访中谈及的，他们（海外学术人才）是杰出的科学家，但他们必须形成群聚效应，才能更好地发挥其作用。随着引进海外学术人才数量的增加，海外学术人才引进国际化的学术规范、学术氛围和学术网络越来越多，人力资本和社会资本的效应也越来越显著。

应该看到，引进海外学术人才需要花费学校和学科大量资源，也存在海外学术人才和本土科学家的平衡问题。引进的海外学术人才越多，学校和学科花费的薪酬和研究经费越多。在资源有限的情况下，大规模人才引进将导致科研资源紧张，制约海外学术人才的后续发展。大量引进海外学术人才之后，公共资源配置的天平开始向海外学术人才倾斜（Meyer，2001），这在很大程度上会打击本土科学家的工作积极性，进而造成海归和本土科学家之间的关系紧张（在对海归学者同事的访谈中，可以清晰地看出这种紧张关系），阻碍海外学术人才人力资本和社会资本的发挥，对高校科研产出数量产生消极影响。“外来的和尚会念经”现象在高校会比较突出，这也是有些高校一方面大力引进海外高层次人才，另一方面本校培养人才大量流失的原因。

因此，本章提出以下假设。

假设 6.3a：高校引进海外学术人才的数量对科研产出数量的作用呈倒 U 形关系。

引进什么水平的海外人才也是高校需要思考的问题。首先，学术人员市场是一个竞争市场，海外学术人才也是“经济人”。海外学术人才的水平越高，引进需要花费的薪酬和学术资源越多。由于高校资源有限，引进高水平人才会导致引进海外人才总体数量变少，不利于增加高校科研产出数量。目前，国内很多高校提出高层次人才引进“一事一议、一人一议”的原则，学术人员在选择迁入一所高校时，为了获得优厚的待遇，会与相关工作人员就薪酬、科研经费、住房、子女教育等问题进行反复磋商。其次，高水平的海外学术人才更倾向在国际顶级期刊发表论文，更注重科研影响力（Jonkers and Tijssen，2008），科研产出的数量不一定多。这在一定程度上与国内外的科技评价机制和发展环境有关。最后，高校利用高水平海外学术人才的社会资本进入更高端的国际学术网络，提高自己的话语权，缩小学术差距，更注重科研影响力而非数量。因此，本章提出如下假设。

假设 6.3b：高校引进海外学术人才的水平对科研产出数量具有负向作用。

高校引进海外学术人才的数量较少时，不利于充分发挥海外学术人才的作用，可能造成海外学术人才“光环现象”严重。海外学术人才数量增加，有利于海外学术人才与本土科学家更好地开展合作，拓宽国际合作渠道，从而提升科研产出影响。同时，海外人才彼此也会形成竞争，激励海归群体不断提高自己的学术影响力。这种良性竞争会给本土科学家更好的示范作用，从而有利于提高整体科研产出影响。

高质量的科研产出依赖于长期持续的资源投入。高校的科研资源尤其是优质科研资源有限，科研经费缺乏、课题申请困难是海外学术人才遇到的最大挑战（陈昌贵等，2000）。引进数量过多会造成资源分配紧张，激化海外学术人才内部、海外学术人才与本土科学家之间的矛盾，制约科研活动，影响科研产出的提升。因此，本章提出如下假设。

假设 6.4a：高校引进海外学术人才的数量对科研产出质量的作用呈倒 U 形关系。

引进高水平的海外学术人才有利于提升科研影响力。高水平海外学术人才更倾向在高等级国际期刊上发表学术成果，引进高水平海外学术人才有利于提升高校相关领域的国际影响力。同时，引进高水平海外学术人才是高校传达的重要信号，表明高校学术水平高、学术声誉好、工作条件合适，能够吸引和培养更多优秀的海外学术人才，在提升高校整体人力资本水平的同时也提升科研影响力。例如，南开大学引进的海外学术学者王磊，不仅多次在《自然》和《美国科学院院刊》（*The Proceedings of the National Academy of Sciences*，PNAS）等顶级期刊上发表科研成果，成为“中国高被引学者”，而且组建了一支以中青年专家为骨干的学术梯队，带领南开大学在基因组学研究领域达到世界领先水平[①]。因此，本章提出如下假设。

假设 6.4b：高校引进海外学术人才的水平对科研产出质量具有正向作用。

---

① 平扬. 一位优秀“海归”科学家. http://news.nankai.edu.cn/zhxw/system/2009/01/28/000021475.shtml，2009-01-28.

6.3 研 究 设 计

6.3.1 样本选择

本章研究高校引进海外学术人才对科研产出的效应，考虑到高校的范围和层级，“985”高校层次很高，但是范围太窄，以中国“211”高校为研究样本；考虑到海外学术人才具有显著的专业性，对高校科研产出的影响可能也存在鲜明的学科特征（Wagner，2005），以高校化学学科作为科研活动研究对象；考虑到引进海外学术人员的数据可得性和学术水平，选取1~6批化学学科“青年海外高层次人才引进计划”入选者作为海外学术人才的代表。

6.3.2 模型设定与变量测量

本章首先运用双重差分法评估高校引进海外学术人才对科研产出的影响。双重差分法又名倍差法，常被用来对政策实施跨期效果进行评估，其本身也是一种固定效应估计方法。目前，双重差分法已经在国内外政策评估中得到广泛应用（Card and Krueger，1994；Eissa and Liebman，1996；周黎安和陈烨，2005）。双重差分法将政策实施视为一项自然实验或者准实验。一般来说，一项实验的基本要素包括一个处理组、一个对照组、一个结果。根据处理组和对照组在政策实施前后的相关信息，计算处理组和对照组在政策实施前后同一个指标的变化量，然后计算两组变量的变化量的差值，这样就可以反映政策对处理组的净影响。

本章以“211”高校为样本。截至2015年，43所“211”高校先后引进了化学“青年海外高层次人才引进计划”入选者，可以认为是处理组，其余没有引进化学“青年海外高层次人才引进计划”入选者的“211”高校可以认为是对照组，这提供了一个“准自然实验”。第一批“青年海外高层次人才引进计划”入选者入选时间是2011年11月，考虑到“青年海外高层次人才引进计划”入选者从入选到回国的时间差，将政策实际发挥作用年份定为2012年。为了评估引进海外学术人才政策的影响，本章构建了以下双重差分分析模型：

$$Y_{i,t+1} = \beta_0 + \beta_1 \mathrm{Treat}_i + \beta_2 \mathrm{Time}_t + \beta_3 \mathrm{DID}_{i,t} + \alpha_1 \boldsymbol{Z}_{i,t} + \xi_{i,t} \tag{6.1}$$

其中，$Y_{i,t+1}$为被解释变量科研产出，下标i、t分别表示i个学校和第t年。考虑到引进海外学术人才与高校科研产出可能存在互相因果关系，而本章仅考察引进海外学术人才对科研产出的作用，为了避免因果关系混淆影响结果，将科研产出变量滞后 1 年，即引进海外学术人才在前，对科研产出的作用在后。

由于科研生产力的直接成果通常是非物质的、无形的，难以直接对其进行测量和评价，因此，国内外学者通常采用对成果的转化形式和外在载体的评价，如论文、专著、专利、科研报告等，来衡量科研产出水平和能力。本章选取了两个科研产出指标，兼顾科研产出的数量和质量（Dietz and Bozeman，2005；Baruffaldi and Landoni，2012）。将科研产出数量的对数值、科研产出质量的对数值设置为被解释变量，用 $Lnnumber_{i,t+1}$、$Lnimpact_{i,t+1}$ 表示，其中，$Lnnumber_{i,t+1}$ 表示高校第 t+1 年 ESI 数据库中收录化学学科论文数量的对数，$Lnimpact_{i,t+1}$ 表示高校第 t+1 年 ESI 数据库中收录化学学科论文被引次数的对数。

$Treat_i$、$Time_t$ 和 $DID_{i,t}$ 为虚拟变量。$Treat_i$ 表示组别虚拟变量，Treat=1 表示在观测期内引进海外学术人才的高校，Treat=0 则表示在观测期内未引进海外学术人才的高校。$Time_t$ 表示时间虚拟变量，Time=1 表示高校引进海外学术人才之后，Time=0 表示高校引进海外学术人才之前。为了检验引进海外学术人才的政策效果，设置一个交互项 DID，等于组别虚拟变量乘以时间虚拟变量（DID=Treat×Time），当 DID=1 时（即 Treat=1，Time=1），表示高校引进海外学术人才之后的情况，其他情况 DID=0。DID 系数 β_3 表示引进海外学术人才对高校科研产出的净影响，如果引进海外学术人才确实提升了高校科研产出，那么 β_3 的系数应该显著为正。

$\boldsymbol{Z}_{i,t}$ 表示由高校个体特征和地区因素组成的控制变量向量集。高校个体特征：本章控制了高校人力资本投入、高校年龄、高校层级。高校人力资本投入表征高校化学领域院士、长江学者、杰出青年数量（王晓红和张奔，2018）；高校年龄、高校层级表征高校拥有创新资源的程度和科研能力（孙玉涛和刘小萌，2018）。地区因素：本章控制了地区科技发展水平和城市人均地区生产总值。地区科技发展水平表征高校所在地区对科技发展的重视程度和投入力度（孙玉涛和刘小萌，2018）；城市人均地区生产总值表征高校所属城市经济发展水平（王晓红和张奔，2018）。变量的测量及定义如表 6.1 所示。

表 6.1　变量的测量及含义

变量类型	变量名称	变量符号	变量含义
被解释变量	科研产出数量	Lnnumber	高校论文数量对数值
	科研产出质量	Lnimpact	高校论文被引次数对数值
解释变量	组别虚拟变量	Treat	高校是否引进“青年海外高层次人才引进计划”入选者
	时间虚拟变量	Time	高校引进“青年海外高层次人才引进计划”入选者时间

续表

变量类型	变量名称	变量符号	变量含义
解释变量	组别×时间虚拟变量	DID（Treat×Time）	交互乘积表达式
	高学术水平	High	高校化学学科排名前 200 名
	低学术水平	Low	高校化学学科排名 200 名之后
	海外学术人才引进数量	Quantity	高校化学领域引进入选者数量
	海外学术人才引进水平	Quality	化学学科入选者原就职单位排名得分累加
控制变量	人力资本	Resource	高校化学领域院士、长江学者、杰出青年数量
	高校年龄	Age	高校建立年份至 2012 年
	高校层级	Level	高校是否属于 C9 联盟
	地区科技发展水平	Location	高校所在地区科技发展水平
	城市人均地区生产总值	Lnpcgdp	城市人均地区生产总值对数值

为了评估引进海外学术人才政策的边际效用递减影响，本章构建了双重差分分析模型［式（6.2）］，变量及具体测量见表 6.1。模型将高校按照 2019 年软科世界一流学科排名分成学术水平高、低两组，具体而言，高校化学学科排名前 200 名为高学术水平高校，反之为低学术水平高校。参照 Irani 和 Oesch（2013）、施国平等（2016）的研究，将双重差分分析模型中 Treat×Time 项拆成 Treat×Time×High 和 Treat×Time×Low 两项，变形后模型如下：

$$\begin{aligned} Y_{i,t} = {} & \beta_0 + \beta_1 \text{Treat}_i + \beta_2 \text{Time}_t + \beta_3 \text{Treat}_i \times \text{Time}_t \times \text{High} \\ & + \beta_4 \text{Treat}_i \times \text{Time}_t \times \text{Low} + \alpha_1 \boldsymbol{Z}_{i,t} + \xi_{i,t} \end{aligned} \tag{6.2}$$

其中，当高校化学学科排名前 200 名时，虚拟变量 High=1；当高校化学学科排名 200 名以后时，虚拟变量 Low=1。交互项系数 β_3、β_4 表示引进海外学术人才对不同学术水平高校科研产出的影响。

为了进一步拓展研究，引入引进数量和引进水平两个变量，更系统地了解高校引进海外学术人才对科研产出的作用。因为引进数量和引进水平属于政策指标的进一步细化，不满足双重差分的使用条件，所以本章使用混合 OLS 模型进行验证。其中，引进数量以高校引进化学学科“青年海外高层次人才引进计划”入选者数量作为衡量指标。

引进水平根据 2019 年软科世界一流学科排名，对化学学科“青年海外高层次人才引进计划”入选者进行计分，“青年海外高层次人才引进计划”入选者原就职单位排名在 1~50 名的记为 5 分，51~100 名记为 4 分，101~150 名记为 3 分，151~200 名记为 2 分，200 名以后记为 1 分，不引进记为 0，然后将高校引进“青年海外高层次人才引进计划”入选者的计分进行累加。例如，某高校 2011~2015 年一共引进化学学科“青年海外高层次人才引进计划”入选者 3 人，3 位“青年海外高层次人才引进计划”入选者原就职单位排名分别为 20、65、200，则 3 位“青年海外高层次人才引进计划”入选者得分分别为5分、4分、2分，那么该高校海外科学家水平表征值就为 5+4+2=11（分）。

6.3.3 数据来源

本章整理了“青年海外高层次人才引进计划”入选者名单，选取 1~6 批化学学科“青年海外高层次人才引进计划”入选者作为研究对象。基于科学家履历数据进行研究，收集整理入选者姓名、年龄、引进单位和引进批次等基本信息，形成完整的个人信息集。根据基本信息，课题组识别高校是否引进海外学术人才、引进时间及引进数量。在海外学术人才履历数据的基础上，结合海外工作单位和 2019 年软科世界一流学科排名构建海外学术人员水平的数据集合。

采用双重差分法需要先计算处理组和对照组在政策实施前后同一个指标的变化量，然后计算两组变量变化量之间的差值。本章选取的是 2008~2017 年的科研产出数据，其中，2008~2012 年为政策实施前，2013~2017 年为政策实施后。科研产出数量和质量原始数据来自 Web of Science 数据库，检索 95 所大学 2008~2017 年 ESI 数据库中化学学科论文数量和论文被引次数，共得到 399 189 篇论文，论文总被引次数为 6 746 678 次。

高校学术水平的数据来源于 2019 年软科世界一流学科排名，高校人力资本投入和年龄的数据来自各高校官方网站，城市人均地区生产总值的原始数据来自各市 2008~2017 年统计年鉴。

6.4 高校是否引进海外学术人才与科研产出

6.4.1 模型适用性检验

采用双重差分法评估引进海外学术人才政策效应的前提是，如果没有受到人才引进政策的冲击，处理组和对照组具有相同发展趋势。为此，本章分析引进海外学术人才政策实施之前（即 2012 年之前），处理组和对照组高校科研产出数量和质量时间变化趋势。

对样本数据进行整理，绘制 2010~2017 年高校科研产出动态变化趋势

（图 6.1 和图6.2），对引进海外学术人才政策实施前后高校科研产出变化进行直观展示。从图 6.1 和图 6.2 可以看出：在政策实施之前（即 2012 年之前），处理组和对照组的科研产出数量和质量大致保持相同发展趋势。在政策实施之后（即 2012 年之后），处理组和对照组的科研产出数量和质量发展趋势出现明显分化，处理组增幅变大，表明引进海外学术人才对高校科研产出有促进作用。此外，无论是科研产出数量还是质量，处理组明显要高于对照组，这表明引进海外学术人才的高校科研产出水平普遍高于没有引进海外学术人才的高校科研产出水平。

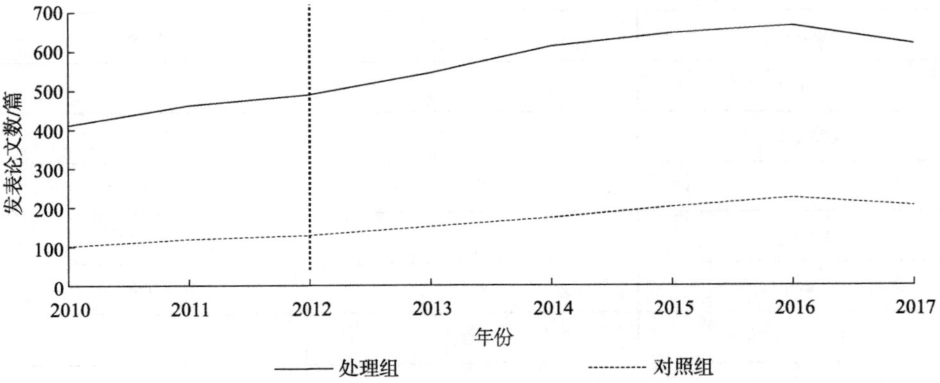

图 6.1 处理组与对照组科研产出数量发展趋势

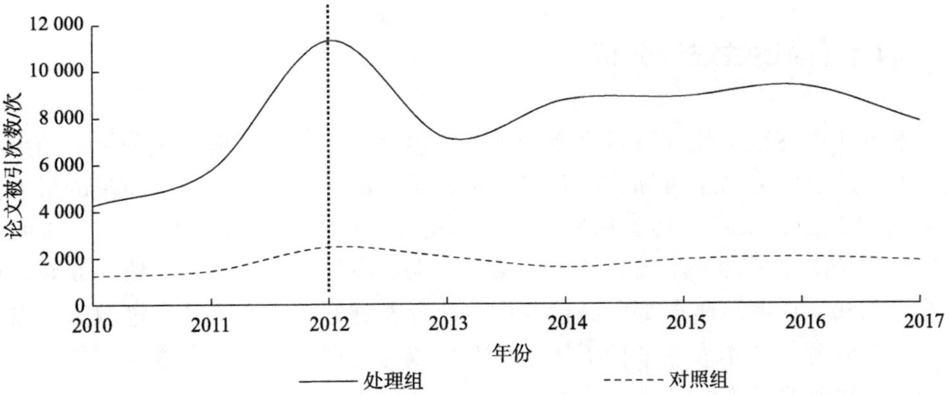

图 6.2 处理组与对照组科研产出质量发展趋势

为了进一步验证平行趋势假设，本章选择政策前 2 年和政策后 5 年的数据进行对比，首先生成年份虚拟变量与处理组虚拟变量的交互项 DID，随后将这些交互项作为解释变量进行回归，回归结果见表 6.2。如果观测值是受到政策冲击前的前 2 年和前 1 年的数据，则该 Before2、Before1 指标都取 1，否则都取 0；如果观测值是受到政策冲击当年的数据，则 Current 取值为 1，否则取 0；当观测值是受到政策冲击后的第 1 年、第 2 年、第 3 年及以后的数据时，After1、After2、After3_都取 1，否则都取 0。由表 6.2 可看出，政策实施前 2 年即 Before2、Before1 的系数均不显著，而实施后 Current、After1、After2、After3_的系数均显著，说明样本满足双重差分分析模型平行趋势假定。

表 6.2　处理组和对照组平行趋势分析

被解释变量	Lnnumber	Lnimpact
Before2	0.067	0.065
Before1	0.104	0.067
Current	0.242***	0.294***
After1	0.296***	0.185***
After2	0.418***	−0.499***
After3_	0.605***	−0.222**
_con	4.545***	7.008***
时间固定效应	是	是
个体固定效应	是	是

***表示 $p<0.01$，**表示 $p<0.05$

6.4.2　描述性统计分析

本章使用 Stata 软件对各个变量进行描述性统计分析和偏相关分析，结果如表 6.3 所示。由表 6.3 可知，被解释变量科研产出数量、科研产出质量的最大值（max_1=7.25，max_2=10.46）和最小值（min_1=0，min_2=1.10）差距较大，说明各高校科研产出水平参差不齐。解释变量是否引进海外学术人才的均值为 0.46，标准差为 0.50，说明现阶段部分高校并没有充分发挥好政府的人才引进政策，没有吸引优秀的海外学术人才来校工作，可能导致与已经引进海外学术人才的高校科研产出差距越来越大。

控制变量之间的差异反映高校之间的不均衡，加入控制变量能更好地反映高校引进海外学术人才对科研产出的作用。从控制变量看，95 所“211”高校平均每个高校拥有 4 个人才，其中最多的拥有 42 个，最少的为 0，说明各高校的人力资本（Resource）水平差距较大；95 所“211”高校的平均年龄（Age）均值为 79.68，发展历史较为悠久，有良好的科研基础，能够为引进的人才提供良好的科研基础设施和科研氛围。

表 6.3 描述性统计和偏相关分析（一）

变量	均值	标准差	最小值	最大值	1	2	3	4	5	6	7	8	9	10
1. Lnnumber	5.13	1.21	0	7.25	1.00									
2. Lnimpact	7.67	1.47	1.10	10.46	0.91***	1.00								
3. Treat	0.46	0.50	0	1	0.57***	0.60***	1.00							
4. Time	0.24	0.43	0	1	0.46***	0.41***	0.58	1.00						
5. DID	0.24	0.43	0	1	0.48***	0.43**	0.60***	0.98***	1.00					
6. Resource	3.61	6.55	0	42	0.59***	0.58***	0.49***	0.43***	0.44**	1.000				
7. Age	79.68	25.17	10	117	0.18***	0.19***	0.14***	0.10***	0.09***	0.16***	1.00			
8. Level	0.10	0.29	0	1	0.39***	0.42***	−0.08**	0.25***	0.12***	0.59***	0.12***	1.00		
9. Location	0.28	0.45	0	1	0.02	0.03	0.12***	0.06*	0.07**	0.11***	−0.12***	0.12***	1.00	
10. Lnpcgdp	11.18	0.43	9.76	12.96	0.35***	0.23***	0.12***	0.3***	0.37***	0.21***	0.03	0.03	0.33***	1.00

***表示 p<0.01，**表示 p<0.05，*表示 p<0.1

从各变量之间的相关系数看，除了高校所在地区科技发展水平与高校科研产出的相关性不显著外，其余变量均显著正相关，相关系数处于中度相关水平，初步验证了假设。此外，人力资本和高校层级相关性较强（β=0.59，$p < 0.01$），表明高校层级越高，人力资本水平越高。

6.4.3 双重差分实证结果

6.4.3.1 学术人才对科研产出数量和质量的实证

双重差分分析模型实证结果见表 6.4 和表 6.5。模型 1~模型 5 检验引进海外学术人才对高校科研产出数量的影响，模型 6~模型 10 检验引进海外学术人才对高校科研产出质量的影响。

表 6.4 引进海外学术人才对高校科研产出数量的影响

解释变量	模型 1	模型 2	模型 3	模型 4	模型 5
Treat		0.919*** （0.060）			0.912*** （0.071）
Time			0.503*** （0.066）		−0.807*** （0.071）
DID				0.573*** （0.062）	0.803*** （0.100）
Resource	0.896*** （0.007）	0.549*** （0.005）	0.078*** （0.007）	0.075*** （0.007）	0.055*** （0.005）
Age	0.003** （0.001）	0.001 （0.001）	0.003** （0.001）	0.003** （0.001）	0.002 （0.001）
Level	0.381*** （0.102）	0.447*** （0.095）	0.378*** （0.102）	0.377*** （0.102）	0.445*** （0.095）
Location	−0.333*** （0.713）	−0.419*** （0.068）	−0.295*** （0.069）	−0.294*** （0.069）	−0.425*** （0.068）

续表

解释变量	模型 1	模型 2	模型 3	模型 4	模型 5
Lnpcgdp	0.805*** (0.919)	0.819*** (0.080)	0.645*** (0.094)	0.625*** (0.094)	0.823*** (0.090)
_cons	−4.367*** (1.025)	−4.677*** (0.900)	−2.646** (1.056)	−2.437** (1.052)	−4.734*** (1.012)
N	950	950	950	950	950
R^2	0.429	0.536	0.451	0.457	0.538

***表示 p<0.01，**表示 p<0.05

注：括号中为标准差

表 6.5 引进海外学术人才对高校科研产出质量的影响

解释变量	模型 6	模型 7	模型 8	模型 9	模型 10
Treat		1.216*** (0.076)			1.269*** (0.090)
Time			0.551*** (0.085)		−1.266*** (0.252)
DID				0.649*** (0.079)	1.110*** (0.268)
Resource	0.105*** (0.009)	0.059*** (0.007)	0.092 (0.009)	0.089*** (0.009)	0.061*** (0.007)
Age	0.005*** (0.002)	0.003** (0.001)	0.005*** (0.002)	0.005*** (0.002)	0.003** (0.001)
Level	0.627*** (0.139)	0.715*** (0.116)	0.625*** (0.135)	0.623*** (0.135)	0.718*** (0.116)
Location	−0.234*** (0.088)	−0.348*** (0.082)	−0.192** (0.086)	−0.189** (0.057)	−0.373*** (0.083)
Lnpcgdp	0.517*** (0.108)	0.535*** (0.095)	0.341*** (0.118)	0.312*** (0.111)	0.589*** (0.107)
_cons	1.128 (1.025)	0.717 (1.082)	3.013** (1.257)	3.315*** (1.255)	1.108 (1.209)
N	950	950	950	950	950
R^2	0.373	0.501	0.392	0.399	0.507

***表示 p<0.01，**表示 p<0.05

注：括号中为标准差

其中，模型 1 和模型 6 为基础模型，包含所有的控制变量。从模型 1 和模型 6 我们可以发现：人力资本水平正向影响科研产出数量和科研产出质量（β_1=0.896，$p<0.01$；β_2=0.105，$p<0.01$），即高校人力资本水平越高，越有利于提升高校的科研产出数量和科研产出质量；高校年龄对高校科研产出数量和科研产出质量有积极正向作用（β_1=0.003，$p<0.05$；β_2=0.005，$p<0.01$），因为高校建校历史越悠久，科研基础设施越完善，学科发展越完善，从而越有利于科研产出；高校层级和高校所在城市经济发展水平有利于高校科研产出数量和科研产出质量的提升，因为高校层级越高，城市经济发展水平越好，高校可以获得越多的科研经费，从而提升高校的科研产出水平；高校所在地区科技发展水平负向影响高校科研产出数量和科研产出质量。

模型 2~模型 4、模型 7~模型 9 在基础模型的基础上分别加入组别虚拟变量、时间虚拟变量和组别×时间虚拟变量。模型 2 和模型 7 中，组别虚拟变量的系数显著为正（β_1=0.919，$p < 0.01$；β_2=1.216，$p < 0.01$），说明与未引进海外学术人才的高校相比，引进海外学术人才的高校科研产出数量更多，科研产出质量更高。

模型 3 和模型 8 中，时间虚拟变量回归系数显著为正（β_1=0.503，$p < 0.01$；β_2=0.551，$p < 0.01$），说明随着时间的推移，高校科研产出数量、科研产出质量呈上升趋势。模型 4 和模型 9 中，组别×时间虚拟变量的回归系数显著为正（β_1=0.573，$p < 0.01$；β_2=0.649，$p < 0.01$），说明引进海外学术人才与高校科研产出数量、科研产出质量显著正相关。

模型 5 和模型 10 将全部变量放入模型中，研究结论一致，组别×时间虚拟变量的回归系数显著为正（β_1=0.803，$p < 0.01$；β_2=1.110，$p < 0.01$），假设 6.1a 和假设 6.1b 得到验证。在模型 5 和模型 10 中，研究发现时间虚拟变量回归系数显著为负（β_1=−0.807，$p < 0.01$；β_2=−1.266，$p < 0.01$），说明组别虚拟变量和组别×时间虚拟变量对其有替代作用，政策的时间效应变弱。

综上，无论是单差法还是双重差分法，引进海外学术人才对高校科研产出质量的影响系数总是大于其对高校科研产出数量的影响系数，说明引进海外学术人才对提升高校科研产出质量的作用更大。

6.4.3.2 学术人才对科研产出数量和质量的边际递减效应

双重差分边际效应递减模型实证结果见表 6.6 和表 6.7。模型 1~模型 5 检验引进海外学术人才对不同学术水平高校科研产出数量的影响，模型 6~模型 10 检验引进海外学术人才对不同学术水平高校科研产出质量的影响。模型 4 和模型 9 显示高学术水平和低学术水平高校的交叉项回归系数显著为正，且低学术水平高校交叉项系数大于高学术水平交叉项系数，表明引进海外学术人才对低学术水平高校科研产出的影响更大。

表 6.6 引进海外学术人才对高校科研产出数量的边际递减效应

解释变量	模型 1	模型 2	模型 3	模型 4	模型 5
Treat		0.919^{***} (0.060)			0.935^{***} (0.072)
Time			0.503^{***} (0.066)		-0.808^{***} (0.072)
Treat×Time×High				0.511^{***} (0.075)	0.625^{***} (0.111)
Treat×Time×Low				0.636^{***} (0.080)	0.956^{***} (0.103)
Resource	0.105^{***} (0.009)	0.549^{***} (0.005)	0.078^{***} (0.007)	0.073^{***} (0.007)	0.049^{***} (0.005)
Age	0.005^{**} (0.002)	0.001 (0.001)	0.003^{**} (0.001)	0.003^{**} (0.001)	0.002^{*} (0.001)

续表

解释变量	模型 1	模型 2	模型 3	模型 4	模型 5
Level	0.627*** (0.139)	0.447*** (0.095)	0.378*** (0.104)	0.366*** (0.102)	0.417*** (0.098)
Location	−0.234*** (0.088)	−0.419*** (0.068)	−0.281*** (0.071)	−0.281* (0.069)	−0.395*** (0.070)
Lnpcgdp	0.517*** (0.108)	0.819*** (0.080)	0.618*** (0.095)	0.625*** (0.095)	0.809*** (0.090)
_cons	1.128*** (1.025)	−4.677*** (0.900)	−2.646** (1.056)	−2.363 (1.063)	−4.593*** (1.014)
N	950	950	950	950	950
R^2	0.429	0.536	0.451	0.458	0.541

***表示 $p<0.01$，**表示 $p<0.05$，*表示 $p<0.1$

注：括号中为标准差

表 6.7 引进海外学术人才对高校科研产出质量的边际递减效应

解释变量	模型 6	模型 7	模型 8	模型 9	模型 10
Treat		1.216*** (0.076)			1.314*** (0.092)
Time			0.551*** (0.085)		−1.267*** (0.253)
Treat×Time×High				0.473*** (0.091)	0.764*** (0.274)
Treat×Time×Low				0.827*** (0.100)	1.408*** (0.268)
Resource	0.105*** (0.009)	0.059*** (0.007)	0.921*** (0.009)	0.084*** (0.009)	0.050*** (0.007)
Age	0.005*** (0.002)	0.003** (0.001)	0.005*** (0.002)	0.005*** (0.002)	0.003*** (0.001)
Level	0.627*** (0.139)	0.715*** (0.116)	0.625*** (0.135)	0.591*** (0.136)	0.663*** (0.116)
Location	−0.234*** (0.088)	−0.348*** (0.082)	−0.192** (0.086)	−0.153* (0.087)	−0.314*** (0.084)
Lnpcgdp	0.517*** (0.108)	0.535*** (0.095)	0.341*** (0.118)	0.292*** (0.112)	0.562*** (0.107)
_cons	1.128 (1.025)	0.717 (1.082)	3.013** (1.257)	3.525*** (1.266)	0.380 (1.211)
N	950	950	950	950	950
R^2	0.373	0.501	0.392	0.401	0.515

***表示 $p<0.01$，**表示 $p<0.05$，*表示 $p<0.1$

注：括号中为标准差

模型 5 和模型 10 显示高学术水平和低学术水平高校的交叉项回归系数显著为正，且低学术水平高校交叉项系数大于高学术水平高校交叉项系数，与前面的结论基本一致，即引进海外学术人才对低学术水平高校的影响更大，假设 6.2a 和假设 6.2b 得到验证。

综上，根据学术水平对高校进行划分后，引进海外学术人才对低学术水平高校科研产出质量的作用更大，且组别虚拟变量和组别×时间虚拟变量对时间虚拟变量有替代作用，与前文结论一致。

6.4.4 结果稳健性检验

为了保证结果的稳健性，首先，用倾向得分匹配（propensity score matching，PSM）法对双重差分的结果进行验证；其次，考虑到海外学术人才对高校科研产出的影响可能通过变量进行传导，即引进—投入—产出，本节引入“高校科研经费投入”作为中介变量，系统研究引进海外学术人才的政策效应。

6.4.4.1 基于倾向得分匹配法的稳健性检验

第一，在研究样本中确定引进海外学术人才和未引进海外学术人才的高校。第二，选取可能影响高校科研产出的协变量（高校人力资本投入、高校年龄、高校层级、地区科技发展水平和城市人均地区生产总值），通过回归确定最终的协变量。第三，利用最终确定的协变量和 Logit 模型计算倾向得分。第四，使用近邻匹配法从未引进海外学术人才的高校中为引进海外学术人才的高校选取匹配样本。第五，对匹配成功的协变量进行平衡性检验。第六，使用双重差分分析模型对新样本进行实证检验。考虑篇幅，仅提供平衡性检验和匹配后双重差分结果。

通过倾向得分匹配法进行平衡性检验，考察是否消除了处理组与控制组之间的系统性误差（表 6.8）。匹配前，处理组与控制组在高校人力资本投入、高校年龄、高校层级、地区科技发展水平和城市人均地区生产总值等方面差距显著，各变量的标准误分别为 108.5%、28.4%、56.0%、23.7%、24.0%，所有变量标准误都大于 20%。

表 6.8 匹配协变量的平衡性检验

被解释变量	解释变量	样本	处理组均值	对照组均值	标准误	$p>t$
Lnnumber 和 Lnimpact	Resource	匹配前	7.077	0.638	108.5%	0.000***
		匹配后	1.619	1.460	2.7%	0.273
	Age	匹配前	83.506	76.401	28.4%	0.000***
		匹配后	80.119	83.91	−15.1%	0.130
	Level	匹配前	0.182	0.020	56.0%	0.000***
		匹配后	0.042	0.731	−10.6%	0.133
	Location	匹配前	0.342	0.235	23.7%	0.000***
		匹配后	0.323	0.346	−5.1%	0.578
	Lnpcgdp	匹配前	11.233	11.131	24.0%	0.000***
		匹配后	11.162	11.11	12.3%	0.168

***表示 $p<0.01$

匹配后，处理组和控制组的各方面个体特征非常接近，具体表现为处理组和控制组的均值差异较小，标准误集中在 15.1%以下，其中高校人力资本投入标准误由原来的 108.5%降到了 2.7%，且样本在匹配后 t 检验中的 p 值显著增加，这说明匹配后处理组和控制组各变量均值上无显著差异。总体而言，此次倾向得分匹配有效。

在倾向得分匹配基础上进行双重差分分析，控制个体效应和时间效应，结果见表 6.9。组别×时间虚拟变量（DID）对高校科研产出数量和科研产出质量的影响仍然显著为正，且对科研产出质量的提升作用更大，验证了研究结果的稳健性。

表 6.9 PSM-DID 模型回归结果

被解释变量	Lnnumber	Lnimpact
DID	1.427***	1.925***
R^2	0.22	0.15
控制变量	是	是
时间固定效应	是	是
个体固定效应	是	是

***表示 $p<0.01$

6.4.4.2 引入中介变量的稳健性检验

为了更系统研究引进海外学术人才的政策效应，本节引入高校科研经费投入（R&D）作为中介变量，其中高校科研经费投入的衡量指标是化学学科获得的国家自然科学基金经费数量。高校科研经费投入能够保证高校科研工作的开展，经费投入越多，越有利于科研产出的提升。海外学术人才能够提高高校科研经费投入，进而提升高校科研产出水平。因此，高校科研经费投入可能是海外学术人才影响其科研产出的中介变量。由于双重差分法不能加入中介变量，我们采用 OLS 进行回归，实证结果见表 6.10。

表 6.10 引进海外学术人才、高校科研经费投入对高校科研产出影响的模型

解释变量	R&D	Lnnumber		Lnimpact	
	模型 1	模型 2	模型 3	模型 4	模型 5
Treat	74.826*** （16.255）	1.163*** （0.060）	1.143*** （0.060）	1.480*** （0.074）	1.457*** （0.075）
R&D			0.001** （0.001）		0.001** （0.001）
Age	−0.082 （0.318）	0.001 （0.001）	0.001 （0.001）	0.003* （0.001）	0.003** （0.002）

续表

解释变量	R&D	Lnnumber		Lnimpact	
	模型 1	模型 2	模型 3	模型 4	模型 5
Level	311.773*** （27.912）	1.059*** （0.102）	0.975*** （0.109）	1.378*** （0.127）	1.279*** （0.135）
Location	−15.275 （18.471）	−0.457*** （0.068）	−0.453*** （0.068）	−0.388*** （0.084）	−0.383*** （0.838）
Lnpcgdp	93.616*** （19.215）	0.958*** （0.070）	0.933*** （0.071）	0.636*** （0.087）	0.656*** （0.088）
N	950	950	950	950	950
R^2	0.189	0.488	0.490	0.463	0.465

***表示 p<0.01，**表示 p<0.05，*表示 p<0.1

注：括号中为标准差

在模型 1 中，高校科研经费投入作为因变量，是否引进海外学术人才作为自变量，结果显示，引进海外学术人才对高校科研经费投入有显著正向影响（β=74.826，$p < 0.01$），说明引进海外学术人才对科研经费投入有促进作用。在模型 2 和模型 4 中，科研产出数量、科研产出质量作为因变量，是否引进海外学术人才作为自变量，发现引进海外学术人才对科研产出数量、科研产出质量具有显著影响，其影响系数分别为 1.163（$p < 0.01$）、1.480（$p < 0.01$），且对科研产出质量的影响更大，与双重差分法得出的结果一致。

中介效应检验模型中加入中介变量高校科研经费投入（模型 3 和模型 5），高校科研经费投入对科研产出存在显著正向影响（β_1=0.001，$p < 0.05$；β_2=0.001，$p < 0.05$），引进海外学术人才对科研产出的影响仍然显著，系数由 1.163 减小为 1.143、由 1.480 减小为 1.457。因此，高校科研经费投入在海外学术人才与高校科研产出中起部分中介效应，也就是说，海外学术人才引进并不一定通过增加高校科研经费提升科研产出。

6.5 高校海外学术人才引进强度与科研产出

6.5.1 描述性统计分析

为了准确把握数据的基本特征，确定变量的集中趋势与离散程度，对所有变量进行描述性统计和偏相关分析（表 6.11）。2013~2017 年，95 所高校科研产出数量和科研产出质量的最大值（max_1=7.33，max_2=10.00）和最小值（min_1=2.30，min_2=4.04）差距较大，说明各高校科研产出水平参差不齐。解释变量高校是否引进海外学术人才均值是0.46，表明我国引进海外学术人才的高校比较少。高校海外学术人才引进数量的均值为0.89，标准差为2.13，表明高校开始重视海外学术人才的引进，但高校之间引进数量存在较大差距。高校海外学术人才引进质量的均值为2.90，标准差为7.02，表明我国高校引进海外学术人才的水平较低，大部分优秀的人才没有回国。

表 6.11　描述性统计和偏相关分析（二）

变量	均值	标准差	最小值	最大值	1	2	3	4	5	6	7	8	9	10
1.Lnnumber	5.44	1.05	2.30	7.33	1.00									
2.Lnimpact	7.63	1.28	4.04	10.00	0.95***	1.00								
3.Introduce	0.46	0.50	0	1	0.61***	0.65***	1.00							
4.Quantity	0.89	2.13	0	19	0.44***	0.40***	0.45	1.00						
5.Quality	2.90	7.02	0	70	0.44***	0.40**	0.45***	0.96***	1.00					
6.Resource	3.97	6.96	0	41	0.61***	0.61***	0.52***	0.68***	0.66**	1.000				
7. Age	79.68	25.12	10	117	0.18***	0.18***	0.17***	0.03	0.06	0.20***	1.00			
8. Level	0.28	0.45	0	1	0.05	0.04	0.12**	0.08*	0.06	0.11**	−0.12***	1.00		
9.Location	0.29	0.46	0	1	−0.01	−0.02	0.09**	0.07	0.05	0.09**	−0.15***	0.97***	1.00	
10.Lnpcgdp	11.41	0.32	10.57	12.00	0.27***	0.21***	0.22***	0.21***	0.19***	0.15***	0.07	0.37***	0.32***	1.00

***表示 $p<0.01$，**表示 $p<0.05$，*表示 $p<0.1$

控制变量之间的差异反映高校之间的不均衡，加入控制变量能更好地反映引进海外人才对高校科研产出的作用。从控制变量看，95 所"211"高校历史悠久，可以为引进的海外学术人才提供良好的科研氛围和基础设施，但各高校的人力资本水平差距较大。

从各变量之间的相关系数看，海外学术人才引进数量和引进质量之间的相关系数为 0.96（$p < 0.01$），具有显著的正相关关系。因为"青年海外高层次人才引进计划"选拔对于入选者学术能力有一定的要求，即达到一定的学术水平才可能入选，所以海外科学家引进数量和引进质量之间可能存在多重共线性。由于两个指标分别考察引进海外学术人才的不同层面，因此在回归分析中将保留这两个指标，分别加入模型中进行结果验证。其他变量之间的相关系数均较小，相关程度较低，不会出现多重共线性问题影响实证结果。

6.5.2　回归结果

根据研究模型与数据，本节分别对海外学术人才引进强度和引进水平对高校科研产出数量和质量的影响进行了实证研究。

6.5.2.1 海外学术人才引进强度与高校科研产出数量

海外学术人才引进强度与高校科研产出数量的回归结果见表 6.12。

表 6.12 海外学术人才引进强度与高校科研产出数量

变量	模型 1	模型 2	模型 3	模型 4	模型 5
Introduce		0.799*** （0.172）			0.785*** （0.165）
Quantity			0.177** （0.075）		0.095 （0.085）
Quantity ^{2}			−0.013*** （0.005）		−0.002 （0.003）
Quality				0.007 （0.010）	0.031 （0.021）
Resource	0.087*** （0.014）	0.060*** （0.012）	0.075*** （0.019）	0.82*** （0.018）	0.064*** （0.016）
Age	0.001 （0.003）	−0.001 （0.003）	0.001 （0.003）	0.001 （0.003）	−0.001 （0.003）
Level	1.614*** （0.251）	1.460*** （0.239）	1.601*** （0.246）	1.625*** （0.251）	1.452*** （0.239）
Location	−1.823*** （0.190）	−1.692*** （0.170）	−1.827*** （0.185）	−1.826*** （0.190）	−1.691*** （0.170）
Lnpcgdp	0.590** （0.256）	0.430** （0.215）	0.523** （0.246）	0.570** （0.254）	0.456** （0.218）
_cons	−1.637	0.019	−0.909	−1.424	−0.239
R^2	0.44	0.54	0.46	0.44	0.55

***表示 p<0.01，**表示 p<0.05

注：括号中为标准差

模型 1 为基础模型，包含所有控制变量，回归结果显示高校人力资本水平正向影响科研产出数量（β=0.087，$p<0.01$），表明高校人力资本水平越高，越有利于提升高校科研产出数量；高校层级和高校所在城市经济发展水平有利于高校科研产出数量的增加（β_1=1.614，$p<0.01$；β_2=0.590，$p<0.05$），因为高校层级越高，城市经济发展水平越好，高校可以获得更多的科研经费，从而提升高校的科研产出数量；高校所在地区科技发展水平对科研产出数量有显著的负向影响（β=−1.823，$p<0.01$），即高校所在地区科技发展水平越高，对科研的质量要求越高，负向影响科研产出数量；高校年龄对科研产出数量无显著影响。

模型 2 加入了是否引进海外学术人才变量，回归结果显示引进海外学术人才对高校科研产出数量有显著正向影响（β=0.799，$p<0.01$），说明高校引进海外学术人才有利于增加科研产出数量，与上一节使用双重差分法得到的结论一致；模型 3 加入了海外学术人才引进数量一次项和平方项，回归结果显示海外学术人才引进数量对科研产出数量具有显著的倒 U 形作用（β_1=0.177，$p<0.05$；

β_2=−0.013，$p < 0.01$），即高校引进海外学术人才有利于科研产出数量增加，但引进数量过多则会对科研产出数量产生负向影响，假设 6.3a 得到验证。

模型 4 加入海外科学家引进水平变量，回归结果显示海外学术人才引进水平对科研产出数量具有正向作用，但结果不显著（β=0.007，$p > 0.1$），拒绝假设 6.3b。

模型 5 同时加入是否引进海外学术人才、海外学术人才引进水平、海外学术人才引进数量一次项和平方项变量，发现是否引进与引进数量、引进水平存在替代效应，是否引进海外学术人才削弱了引进数量和引进水平对高校科研产出的作用。

6.5.2.2 海外学术人才引进强度与高校科研产出质量

海外学术人才引进强度与高校科研产出质量的回归结果见表6.13。模型6 为基础模型，回归结果显示，高校人力资本水平和高校层级正向影响科研产出质量（β_1=0.108，$p < 0.01$；β_2=2.116，$p < 0.01$），即高校人力资本水平和高校层级越高，越有利于提高科研产出质量。

表 6.13 海外学术人才引进强度与高校科研产出质量

变量	模型 6	模型 7	模型 8	模型 9	模型 10
Introduce		1.106^{***} (0.194)			1.170^{***} (0.190)
Quantity			0.144^{*} (0.080)		−0.196 (0.104)
Quantity ^{2}			-0.013^{***} (0.005)		0.002 (0.003)
Quality				−0.004 (0.012)	0.027 (0.026)
Resource	0.108^{***} (0.017)	0.070^{***} (0.013)	0.104^{***} (0.023)	0.111^{***} (0.023)	0.087^{***} (0.018)
Age	0.001 (0.003)	−0.001 (0.003)	0.001 (0.003)	0.001 (0.003)	−0.002 (0.003)
Level	2.116^{***} (0.294)	1.903^{***} (0.275)	2.083^{***} (0.288)	2.109^{***} (0.294)	1.860^{***} (0.272)
Location	-2.333^{***} (0.229)	-2.151^{***} (0.199)	-2.332^{***} (0.225)	-2.331^{***} (0.230)	-2.128^{***} (0.200)
Lnpcgdp	0.459 (0.300)	0.238 (0.246)	0.430 (0.289)	0.471 (0.300)	0.322 (0.251)
_cons	1.962	4.254	2.308	1.836	3.377
R^2	0.43	0.56	0.45	0.43	0.57

***表示 p<0.01，*表示 p<0.1

注：括号中为标准差

模型 7 加入了高校是否引进海外学术人才变量，结果显示高校引进海外学术人才对科研产出质量有显著正向作用（β=1.106，$p < 0.01$），与上一节使用双重

差分法得到的结论一致；模型 8 加入了海外学术人才引进数量一次项和平方项，回归结果显示海外学术人才引进数量对科研产出质量具有显著的倒 U 形作用（β_1=0.144，$p < 0.1$；β_2=−0.013，$p < 0.01$），即高校引进海外学术人才有利于提升科研产出质量，但过度引进海外科学家则会对科研产出质量产生负向作用，假设 6.4a 得到验证；模型 9 加入海外学术人才引进水平变量，结果显示海外学术人才引进水平对科研产出质量有负向作用（β=−0.004），但结果不显著，拒绝假设 6.4b。

6.6 本 章 小 结

本章以 1~6 批次化学学科“青年海外高层次人才引进计划”入选者作为海外学术人才的典型代表，以 95 所“211”高校为研究对象，从高校层面探究引进海外学术人才对高校科研产出的影响。

6.6.1 研究结论

本章首先使用双重差分法对海外学术人才与高校科研产出的关系进行了实证检验，并加入了高校学术水平作为调节变量，高校科研经费作为中介变量，系统研究高校是否引进海外学术人才和科研产出之间的关系；然后引入“引进数量”和“引进水平”两个变量，实证检验高校海外学术人才引进强度对科研产出的影响。通过一系列实证研究，本章分别检验假设了 4 组假设，结果如表 6.14 所示，大部分假设得到验证，而部分并没有得到验证。

表 6.14 假设检验结果

名称	研究假设	假设检验结果
假设 6.1a	高校引进海外学术人才能够提升科研产出数量	假设得到验证
假设 6.1b	高校引进海外学术人才能够提升科研产出质量	假设得到验证
假设 6.2a	相对于高学术水平的高校，海外学术人才对低学术水平高校科研产出数量的促进作用更大	假设得到验证
假设 6.2b	相对于高学术水平的高校，海外学术人才对低学术水平高校科研产出质量的促进作用更大	假设得到验证
假设 6.3a	高校引进海外学术人才的数量对科研产出数量的作用呈倒 U 形关系	假设得到验证
假设 6.3b	高校引进海外学术人才的水平对科研产出数量具有负向作用	假设未得到验证
假设 6.4a	高校引进海外学术人才的数量对科研产出质量的作用呈倒 U 形关系	假设得到验证
假设 6.4b	高校引进海外学术人才的水平对科研产出质量具有正向作用	假设未得到验证

本章得出的结论如下。

第一，高校引进海外学术人才对科研产出数量和质量均有显著正向作用，对科研产出质量提升幅度更大。研究结果显示，引进海外学术人才的高校的科研产出数量和质量，比未引进海外学术人才的高校分别高0.80个百分点和1.11个百分点，同时海外学术人才对高校科研产出质量的提升作用更大。海外学术人才为高校提供了高水平人力资本和社会资本，推动了高校科研经费投入和基础设施建设，在提升高校科研产出方面绩效显著。

第二，海外学术人才对高校科研产出作用呈现显著的边际效用递减。相对于高学术水平的高校，海外学术人才对低学术水平高校科研产出促进作用更大。海外学术人才为高校带来大量科研经费，推动基础设施建设，有利于低学术水平高校科研快速发展。低学术水平高校人力资本和社会资本相对薄弱，海外学术人才可以为其带来高水平人力资本和社会资本，使其进入更高水平的国际学术网络，提高科研产出质量和科研影响力。

第三，高校研发经费投入在海外学术人才和高校科研产出之间起部分中介作用。海外学术人才对高校科研产出的影响并不完全通过获得科研经费的方式传导，引进海外学术人才本身就能够直接提高高校科研产出数量和质量，特别是科研产出质量。

第四，海外学术人才引进数量对高校科研产出的作用呈倒U形，海外学术人才引进水平对科研产出数量和科研产出质量的作用不显著。海外学术人才不是引进得越多越好，当高校海外学术人才引进人数较少时，在很大程度上不利于海归科学家充分发挥人力资本和社会资本作用；但当引进人数过多时，可能引起资源短缺、分配矛盾等问题。本章提出高校引进海外学术人才水平负向影响科研产出数量、正向影响科研产出质量，但从实证结果看并不支持，可能是因为海外学术人才回国后，对国内环境不熟悉，导致他们需要适应期，从而对高校科研产出产生消极作用。

6.6.2 学术贡献

在国家大力实施各种人才政策吸引优秀人才回国的背景下，海外学术人才对引进单位科研产出的影响一直是管理层和学术层关注的焦点。本章在梳理相关文献、基本概念和理论的基础上，提出研究假设，并进行研究设计和实证检验，探究高校引进海外学术人才对科研产出的影响。具体而言，本章将因变量——高校科研产出细化为高校科研产出数量和高校科研产出质量，以1~6批化学学科“青年海外高层次人才引进计划”入选者作为海外学术人才的代表，以“211”高校为研究样本，从高校是否引进海外学术人才及高校海外学术人才引进强度两个方面入手，系统探讨海外学术人才对高校科研产出的作用。

本章从组织层面进行研究，在一定程度上深化、拓展了现有理论内涵，学术贡献主要表现在以下两个方面。

第一，将海外学术人才政策效应研究从个人层面扩展到组织层面，丰富了海外学术人才政策的效应研究。现有文献主要聚焦海外学术人才的个人科研产出或者企业层面的技术溢出，较少涉及高校的科研产出。本章在人力资本理论和社会资本理论的基础上，引入“是否引进”和“引进强度”两个变量，从高校层面探究海外学术人才的科研产出效应，相关研究结论丰富了组织层面海外学术人才引进政策的效应研究，为国家和高校人才引进政策制定提供了理论支撑。

第二，考虑到高校之间的资源禀赋差异，深化了中国情境下高校学术水平在人才政策效应中的作用。以往学者在研究海外学术人才引进政策效应时，往往只是单纯地比较引进海外学术人才后的差异，忽略了高校本身资源禀赋的差异也会影响政策的实施效果。因此，本章引入“高校学术水平”变量，将其放入双重差分分析模型中进行实证检验，研究发现：海外学术人才对高校科研产出作用呈现显著的边际效用递减，相对于高学术水平的高校，海外学术人才对低学术水平高校科研产出促进作用更大。相关结论在一定程度上说明高校学术水平影响政策的实施效果，为高校海外学术人才引进政策制定提供了经验支撑。

7　青年学术海归的政策建议与研究展望

7.1　青年学术海归的政策建议

本书通过对“青年海外高层次人才引进计划”入选者的研究，得出了一系列对政策制定者有价值的结论。根据相关研究结论，提出以下几个方面的政策建议。

7.1.1　引得进：吸引高水平学术人才海归

引进海外高层次人才已经成为国家及各级地方政府的主要任务，引得进是首要工作。“青年海外高层次人才引进计划”是国家最高层次的青年学术人才引进计划，研究表明“青年海外高层次人才引进计划”入选者的水平显著高于国内同年龄段的学术人员，但是与海外特别是美国学术市场的学术人员相比仍然有一定的差距。青年海外高层次人才引进工作下一步的重点是进一步提升学术人员的水平，让最优秀的青年海外人才全职回国工作。

与 2008 年全球金融危机的影响类似，2018 年以来中美之间的贸易摩擦以及 2020 年新冠肺炎疫情的全球流行，均在一定程度上促进了海外高层次人才全职回国工作。2020 年 9 月 11 日，美国《科学》杂志主编 Holden Thorp 撰文《特朗普在科学问题上说谎》（Trump lied about science），文章指出“现在可能是美国科技政策史上最不体面的时刻”（This may be the most shameful moment in the history of U.S. science policy）。

一是，学术就业市场要能够提供有竞争力的薪酬，学术工作环境能够提供友好的评价机制。其中，学术工作环境不光涉及引得进，更重要的是要用得好。薪酬是学术市场的价格，也是决定青年海外高层次人才海归决策的重要因素。应该看到，虽然近年来中国大学教师的薪酬水平有很大提升，但是与美国、欧洲和新加坡等国家和地区相比仍然有很大的差距。

根据美国大学教授协会发布的 2018~2019 年美国大学教授的薪资调查（The Annual Report on the Economic Status of the Profession，2018-19），全职教员的工资在去年平均上升了 3.1%，其中私立具有博士授予权的大学（a private-independent doctoral university）正教授平均工资 18.931 万美元，副教授 11.596 万美元，助理教授 10.2 万美元，公立具有博士授予权的大学正教授的平均工资 14.19 万美元，副教授 9.69 万美元，助理教授 8.43 万美元。

目前国内很多双一流高校招聘“青年海外高层次人才引进计划”入选者，薪水为 30 万~60 万元，平均约 40 万元，低于美国助理教授的工资水平。在薪水有差距的情况下，深圳市提出海外高层次海外留学人才（孔雀计划）认定办法，海外高层次人才是指企业技术与创新创业、科研学术与教育卫生、文化艺术与体育三个领域的国（境）外高级专家和留学回国人员，其中国（境）外高级专家分为 A、B 两类，留学回国人员分为 A、B、C 三类，金额标准从 160 万元到 600 万元。对于青年海外高层次人才而言，这是国内与海外收益差距的有益补偿。

二是，国内学术机构要加强与国外机构的合作与交流，通过强有力的校友关系、家庭联系等吸引人才。2018 年四川省出台的《关于大力引进海外人才、加快建设高端人才汇聚高地的实施意见》，提供了非常好的先行先试的政策示范。例如，建立人才供需充分对接机制。建立海外高端人才数据库、川籍海外知名人士名录，定期发布引进高层次人才及项目合作需求信息指南、人才发展蓝皮书，建立一批海外引才工作站，聘请一批海外引才顾问，促进人才供需对接。这些措施在很大程度上消除了人才引进过程中的信息不对称问题，特别是川籍海外知名人士名录，在很大程度上是通过乡情联系，吸引海外高层次人才回国工作。

7.1.2　用得好：为青年学术海归提供舞台

为青年学术海归提供舞台，最重要的一条是要承认他们的科学研究成果，核心在于科技评价机制。科研人员的科技评价主要体现在科研经费分配、职称评定和科研奖励或荣誉评定等，根源在于同行评议的科研文化。

2010 年，饶毅和施一公就在《科学》杂志发表《中国的科研文化》（China's research culture）一文，认为尽管对于一些小额科研经费来说，比如由中国国家自然科学基金委员会资助的小额科研经费，科研质量的优劣可能仍然是能否获得经费的关键因素；但是，对于来自政府各个部门的巨额科研项目来说，科研质量的优劣与能否获得经费的相关性就小得多了，这些项目的经费一般都高达几千万元到几亿元。对于巨额科研经费而言，问题关键在于每年针对特定科研领域与项目颁布的申请指南。表面上，这些指南的目的是突出“国家重大需求”；实际上，项目的申请指南却往往被具体而狭隘地阐释，申请人基本上可以无须过多思索地意识到这些“需求”并非国家的真正需求；经费预定给谁基本上一目了然。

2014 年，国家出台了《关于深化中央财政科技计划（专项、基金等）管理改革的方案》，提出由于顶层设计、统筹协调、分类资助方式不够完善，现有各类科技计划（专项、基金等）存在着重复、分散、封闭、低效等现象，多头申报项目、资源配置“碎片化”等问题突出，不能完全适应实施创新驱动发展战略的要求，为此建立公开统一的国家科技管理平台，将中央各部门管理的科技计划（专项、基金等）整合形成五类科技计划（专项、基金等）。这些改革在一定程度上优化了资源分配机制，但是并没有在根本上转变同行评议中的科研文化问题。

如何破除同行评议中不良的科研文化，不能简单地用定量评价替代定性评价和同行评议。实际上，同行评议系统本身是一个科技管理和科学社会学里面非常值得研究的问题，如何让科学共同体建立有效的同行评议机制，不仅是一个文化问题，更是一个管理理论问题。需要遵循几个基本原则：第一，科学和技术需要有不一样的评价机制，科学研究需要同行评议，技术开发更多地需要实践检验和市场检验。第二，科学研究的主要成果是学术论文，但是技术和工程科学的主要成果可能是产品或者工程本身，专利只是市场保护的形式，不能简单地用专利作为学术评价的标准。第三，为了保证科学技术评价不发生偏差，需要建立相适应的激励系统，科学研究主要是通过组织激励，如优先权、署名权、科学奖励、学术称号等；技术开发主要通过市场激励，如专利保护、市场利润回报等。

7.1.3 留得住：拴住青年学术海归的心

引得进不一定能够用得好，用得好是留得住的基础，如果用不好很难留得住，但是用得好不一定留得住。从激励理论的角度而言，用得好是激励因素，而留得住还需要保健因素，如配偶工作、未成年子女教育及社会保障等。近年来，海归再次“归海”的案例并不鲜见，其中北京大学许晨阳和清华大学颜宁就是典型案例。虽然许晨阳和颜宁是个例，但是也反映了目前在留住高层次学术人才方面仍然具有很大的政策空间。

对学术人员而言，学术研究环境至关重要，改变浮躁不安的学术环境仍然是当务之急。许晨阳在接受求是基金会采访时就提出，中国科技有三害[①]。一是，学风过于浮躁，人们过于急功近利地追求功名；二是，中国学术界造假过于严重，如论文造假、学术造假现象太多；三是，论资排辈的观念难以改变，青年科学家的研究经费得不到保障，对于年轻人的扶持力度不够，很多时候只看年龄不看水平。采访结束时，许晨阳说："现在国家做科学的人越来越多、体量越来越大，而且现在投这么多钱，当然希望投入跟产出比越高越好。其实对于国家来说，科研经费也是一种投资，投资就希望更有效率、产生更好的回报。我们国家现在硬条件方面投资很大，如果能在软环境方面做得更好，这些硬投资会更有效，那我们国家科技进步的速度就会更快，也不辜负社会公众对科技界的期待。"

目前，在保健因素方面，很多地区做了非常好的政策探索。例如，2016 年 3 月上海成立了虹桥海外人才"一站式"服务中心，外国人就业证，华侨华人事务，出入境证件，外国专家证，海外人才居住证（即俗称的"B 证"）等多项业务可通过同一个办理大厅得以解决[②]。2018 年四川省出台的《关于大力引进海外人才、加快建设高端人才汇聚高地的实施意见》提出支持引进的外国人才按规定参加职工基本养老、医疗、工伤、失业和生育保险，参加单位建立的职业年金或企业年金。鼓励引进人才家属来川居留学习。外籍配偶、未成年子女来川的，可为其办理与本人工作许可期限相等的居留许可。

显然，留得住人才不仅仅需要用人单位的小环境，国家整体的科研环境和地方城市的生活环境等都起到非常重要的作用。为此，留得住人才不仅仅需要有富有竞争力的薪酬，还要有友好的生活和工作环境。留得住人是中央部委、用人单位和地方政府等多方合力作用的结果。

7.2　本书的局限与未来展望

本书采用"青年海外高层次人才引进计划"入选者为样本实证研究学术海归的特征、动因与效应，丰富了学术人才跨国迁移研究，得出了有价值的研究结论，同时本书也存在一些局限之处。

① 许晨阳. 中国科技有三害. http://www.qiushi.org/html/qiushihome/press/interviews/2018/1128/342.html.

② 李佳佳. 上海成立首个海外人才"一站式"服务中心. http://www.xinhuanet.com/politics/2016-03/21/c_128819587.htm，2016-03-21.

7.2.1 研究样本选择和覆盖范围的局限

“海外高层次人才引进计划”是目前国家实施的最高层次的人才引进计划，但是由于全职“海外高层次人才引进计划”入选者数据难以获取，本书仅仅考察了“青年海外高层次人才引进计划”入选者的情况，难以全面呈现目前高层次学术人才海归的全貌。

本书采用 1~6 批次“青年海外高层次人才引进计划”入选者的迁移数据，迁移数据的时间跨度截至 2016 年。考虑到 2018 年以来中美博弈可能会影响组织间学术距离、组织网络位置和组织间科研合作对学术人员跨国迁移的影响，在未来的研究中，可以扩大时间跨度探究在中美博弈情景下组织因素对学术人才跨国迁移的影响机制，以及在美国管控加紧的情况下，组织因素对学术人才跨国迁移的作用机制是否存在，如果存在，如何影响。

本书科研效应研究仅选取“青年海外高层次人才引进计划”化学学科入选者作为典型代表进行研究，考虑不同领域的海外学术人才科研行为会有很大差异，所以结论普适性需要进一步验证。未来可以扩大高校学科选择范围和海外学术人才选择范围，进一步检验和完善本书的研究假设。

7.2.2 研究指标选取与数据的局限

学术能力是社会普遍关注的问题，考虑到“青年海外高层次人才引进计划”入选者学科领域众多、学术产出难以直接比较，本书采用了是否在海外获得终身职位与回国前任职单位学科排名两项间接指标进行衡量，虽然总体上反映了学术能力，但可能存在一定的个体误差。本书仅用是否回到本科/博士毕业单位作为学术联系的指标来测度青年学术人才海归决策，书中学术联系指标只是包括了师生关系、同事关系等，由于家庭关系数据较难获取，并不能全面考量社会关系对青年学术人才海归决策的作用。

用学术机构之间的合著论文数量来表征学术机构之间的科研合作存在一定的局限。一直以来，利用合著论文来研究科研合作是比较通行的做法，还有专家学者认为合著直接等于科研合作。实际上，合著不仅不同于科研合作，用论文合著数量来研究科研合作问题，其合理性和科学性还有待进一步考证与检验。在学术人员跨国迁移的过程中，地理距离和学术距离之间可能存在一定的替代关系。随着学术距离的提高，地理距离对学术人员跨国迁移的影响可能会被减弱。随着地理距离的加大，学术距离对学术人员跨国迁移的影响也可能会被减弱。因此，在未来的研究中，可以探究学术机构间地理距离和学术距离的交互作用对学术人员跨国迁移的影响。

7.2.3 研究方案设计方面的局限

学术特征研究主要是通过识别“青年海外高层次人才引进计划”入选者的学术特征，间接考察学术人员跨国迁移政策资助对于青年学术人才的迁移决策的影响，虽然在一定程度上验证了政策的作用机制，但是并没有比较接受政策资助和没有接受政策资源青年学术人才迁移决策的差异。也就是说，“青年海外高层次人才引进计划”入选者是青年学术海归中水平最高的群体，没有进入计划是不是就是水平达不到，或者还有其他因素在起作用。

引进海外学术人才和高校科研产出可能互为因果，高水平的研究型大学能够吸引高层次的人才，同时高层次人才也会提升大学的研究水平。本书的样本统计分析也发现引进海外学术人才的高校的科研产出数量和质量均高于未引进高校，也就是说，引进海外学术人才的高校科研产出水平更高。本书仅研究了引进海外学术人才对高校科研产出的影响，并且运用时间先后顺利规避假性因果关系，但是关于科研产出水平提升是否加速高校引进海外学术人才还有待进一步验证。

参考文献

布朗 T F. 2000. 社会资本理论综述[J]. 木子西译. 马克思主义与现实，（2）：41-46.

蔡学军，丁向阳，韩继园. 2003. 我国高层次人才队伍建设现状、问题与对策[J]. 中国人才，（10）：4-8.

曹聪. 2009. 中国的“人才流失”、“人才回归”和“人才循环”[J]. 科学文化评论，6（1）：13-32.

曹向昀. 1995. 西方人口迁移研究的主要流派及观点综述[J]. 中国人口科学，（1）：45-53.

陈宝瑞. 2008. 建设创新型国家中留学人才归国创业问题及对策研究[D]. 郑州大学硕士学位论文.

陈昌贵，陈学飞. 2003. 海外留学人员为国服务的效益与发展对策[J]. 高等教育研究，24（2）：41-46.

陈昌贵，高兰英，楼晓玲. 2000. 为什么回国与回国后怎么样——对 471 位回国人员的调查研究[J]. 中国高等教育，（Z1）：46-49.

陈代还，段异兵，潘紫燕. 2015. 二元关系网络对海归科学家产出的影响——以中国“青年千人计划”为例[J]. 中国科技论坛，（9）：143-147.

陈光华，王烨，杨国梁. 2015. 地理距离阻碍跨区域产学研合作绩效了吗?[J]. 科学学研究，33（1）：76-82.

陈晓毅，林敏. 2013. 海外人才回流与 FDI 技术吸收能力——基于动态面板模型的系统 GMM 分析[J]. 科技进步与对策，30（24）：176-179.

陈怡安，杨河清. 2013. 海归回流对中国技术进步的影响效应实证[J]. 经济管理，35（4）：82-93.

邓侨侨. 2014a. 机构迁移：高被引科学家名校集聚的特征与原因分析[J]. 科学学与科学技术管理，35（8）：135-143.

邓侨侨. 2014b. 高被引科学家职业迁移与聚集现象研究[D]. 上海交通大学博士学位论文.

董洁林. 2013.“天生全球化”创业模式探讨：基于“千人计划”海归高科技创业的多案例研究[J]. 中国软科学，（4）：26-38.

段红真. 2012. 北京市海归人才生活满意度及相关因素研究[D]. 首都经济贸易大学硕士学位论文.
冯慰容，冼国明. 2003. 人才资源国际流动的趋衡性分析[J]. 中国软科学，（10）：101-105.
高子平. 2012. 海外科技人才回流意愿的影响因素分析[J]. 科研管理，33（8）：98-105.
高子平. 2014. 学术相关性维度的海外理工科留学人才回流意愿研究[J]. 自然辩证法研究，30（6）：74-81.
胡克森. 2007. 孔子泛血缘化理论在五缘文化形成中的作用[J]. 史学月刊，（6）：19-28.
金晶. 2013. 高校海外人才的工作绩效研究：基于人—环境匹配的视角[D]. 上海交通大学硕士学位论文.
李平，许家云. 2011. 金融市场发展、海归与技术扩散：基于中国海归创办新企业视角的分析[J]. 南开管理评论，14（2）：150-160.
李平，张玉. 2012. 国际智力回流对中国产业结构升级影响的实证研究[J]. 科学学与科学技术管理，33（12）：160-166.
李树茁. 1993. 80 年代中国人口迁移的性别差异研究[J]. 人口学刊，（5）：14-19.
李星云. 2010. 新形势下我国高层次人才引进的思考[J]. 江苏行政学院学报，（6）：73-77.
李燕萍，许颖佳，胡翔. 2018. “青年千人计划”入选者的科研产出从何而来——基于扎根理论的研究[J]. 高等教育研究，39（8）：45-53.
李子江. 2003. 论美国学术自由的组织与制度保障——AAUP 及其关于学术自由和终身职的原则声明[J]. 比较教育研究，（10）：19-23.
廖泉文. 2003. 人力资源管理[M]. 北京：高等教育出版社.
林聚任. 1997. 美国科学社会学关于科学界性别分层研究的综述[J]. 自然辩证法通讯，19（1）：32-38.
林其锬. 1990. “五缘”文化与亚洲的未来[J]. 上海社会科学院学术季刊，（2）：118-127.
林晓峰，姜海宁. 2020. 基于论文合作的长三角“青年千人”知识合作网络特征分析[J]. 世界地理研究，29（2）：388-396.
刘洪德，王路璐. 2010. 高层次创造性人才的涵义及特征分析[J]. 科技管理研究，30（1）：170-173.
刘俊婉. 2011. 高被引科学家人才流动的计量分析[J]. 科学学研究，29（2）：192-197，180.
刘俊婉. 2018. 杰出科学家的创造力特性：基于科学计量学的研究[M]. 北京：科学出版社.
刘青，张超，吕若思，等. 2013. “海归”创业经营业绩是否更优：来自中国民营企业的证据[J]. 世界经济，（12）：70-89.
刘蓉洁. 2010. 高校“海归”教师生存环境与生存状态研究——以上海四所“985”高校“海归”教师为例的分析[D]. 上海交通大学硕士学位论文.
刘少雪. 2012. 大学与大师：谁成就了谁——以诺贝尔科学奖获得者的教育和工作经历为视角[J]. 高等教育研究，33（2）：30-34.
刘玮辰，郭俊华，史冬波. 2020. 科学家跨国流动促进了知识扩散吗？——基于青年千人的实证分析[J]. 图书情报知识，（2）：32-41.
柳卸林，邢新主，陈颖. 2009. 学术环境对博士后科研创新能力的影响[J]. 科学学研究，27（1）：66-73.
鲁晓，洪伟，何光喜. 2014. 海归科学家的学术与创新：全国科技工作者调查数据分析[J]. 复旦公共行政评论，12（2）：7-25.
陆根书，彭正霞. 2011. 高引学者跨国学术流动及对其成长的影响[J]. 研究生教育研究，（1）：62-67，87.
吕洁，张钢. 2015. 知识异质性对知识型团队创造力的影响机制：基于互动认知的视角[J]. 心理学报，47（4）：533-544.
罗琳，魏奇锋，顾新. 2017. 产学研协同创新的知识协同影响因素实证研究[J]. 科学学研究，35（10）：1567-1577.
罗思平，于永达. 2012. 技术转移、“海归”与企业技术创新——基于中国光伏产业的实证研究[J]. 管理世界，（11）：124-132.
马冰心，李会明. 2004. 人才国际流动的动因探讨[J]. 科学学与科学技术管理，25（7）：111-114.
马红旗，王韧. 2014. 对人力资本形成理论的新认识[J]. 经济学家，（12）：33-41.
马万华，麻雪妮，耿玥. 2013. “千人计划”学者回归的动因、学术优势与挑战[J]. 清华大学教育研究，34（1）：94-97，103.
孟华. 2019. “青年千人计划”对入选者学术表现的影响——以 985 高校前五批入选者为例[J]. 中国人力资源开发，36（10）：80-92.
孟晋宇，陈向东. 2017. 中国海归学者科研产出分析及国际合作启示——以麻省理工学院和斯坦福大学归国人员为例[J]. 北京航空航天大学学报（社会科学版），30（6）：58-62.
默顿 R K. 2010. 科学社会学（下册）[M]. 鲁旭东，林聚任译. 北京：商务印书馆.
潘晨光. 2006. 中国人才发展报告 No.3[M]. 北京：社会科学文献出版社.
彭伟，符正平. 2015. 基于扎根理论的海归创业行为过程研究——来自国家 “千人计划” 创业人才的考察[J]. 科学学研究，33（12）：1851-1860.
钱锡红，杨永福，徐万里. 2010. 企业网络位置、吸收能力与创新绩效——一个交互效应模型[J]. 管理世界，（5）：118-129.
邱均平，余厚强. 2014. 我国情报学领域学者科学合作年龄结构分析[J]. 情报科学，32（8）：3-8.
邱均平，翟辉. 2011. 我国科研机构合作网络知识扩散研究——以“生物多样性”研究为例[J]. 图书情报知识，（6）：5-11.
任胜钢. 2010. 企业网络能力结构的测评及其对企业创新绩效的影响机制研究[J]. 南开管理评论，13（1）：69-80.
施国平，党兴华，董建卫. 2016. 引导基金能引导创投机构投向早期和高科技企业吗？——基于双重差分模型的实证评估[J]. 科学学研究，34（6）：822-832.
时立文. 2012. SPSS 19.0 统计分析：从入门到精通[M]. 北京：清华大学出版社.
孙健，纪建悦，王丹. 2005. 海外科技人才回流的规律研究[J]. 中国软科学，（8）：6-10.
孙晓娥，边燕杰. 2011. 留美科学家的国内参与及其社会网络——强弱关系假设的再探讨[J]. 社会，31（2）：194-215.
孙玉涛，国容毓. 2018. 学术人员跨国迁移研究评述：从个体属性向网络关系演进[J]. 中国科技论坛，（2）：154-162.
孙玉涛，韩燕芳. 2019. 学术人员跨国迁移的组织动因[J]. 科学学研究，37（5）：803-809.
孙玉涛，刘凤朝. 2011. 国家创新能力成长机理研究[M]. 北京：科学出版社.
孙玉涛，刘小萌. 2018. 高校研发合作网络位置与技术成果转移——技术转移中心的调节作用[J]. 科学学与科学技术管理，39（8）：3-12.
孙玉涛，柳玉梅，陈灵芝，等. 2020. 我国高校研发经费：规模、结构及建议[J]. 清华大学教育研究，41（4）：91-97.
孙玉涛，张帅. 2017. 海外青年学术人才引进政策效应分析——以“青年千人计划”项目为例[J]. 科学学研究，35（4）：511-519.
田方萌. 2012. 海外移民≠人才流失[J]. 文化纵横，（1）：56-59.
田人合，郑军卫，张志强，等. 2019. 科技人力资本视角下杰青科学家资助年龄对资助效果的影响——以杰青基金地球科学项目为例[J]. 图书情报工作，63（22）：91-105.
王春雷. 2013. 合作科研管理模式比较分析：统一分配还是自主选择[J]. 暨南学报（哲学社会科学版），35（2）：130-135.
王辉耀. 2007. 当代中国海归[M]. 北京：中国发展出版社.
王辉耀，苗绿. 2013. 中国海归发展报告（2013）No.2[M]. 北京：社会科学文献出版社.
王培根，牛敏. 2002. 浅析高技术人才的国际流动[J]. 科学学研究，20（3）：262-265.
王培林，郭春侠. 2012. 对产学研合作中信息不对称的理性思考[J]. 情报理论与实践，35（7）：9-13.
王通讯. 2001. 王通讯人才论集（第 2 卷）[M]. 北京：中国社会科学出版社.
王西民，崔百胜. 2014. 经济学研究中的产出之谜：学术贡献与性别不平等——以《财经研究》（2000-2012）为例[J]. 财经研究，40（10）：119-130.
王小力，彭正霞. 2017. C9 高校青年高层次人才引进问题与对策研究[J]. 高等教育研究，38（6）：32-39.
王晓红，张奔. 2018. 校企合作与高校科研绩效：高校类型的调节作用[J]. 科研管理，39（2）：135-142.
王晓莺. 2004. 海外华人专业人才回流态势[J]. 人才开发，（1）：31-33.
王仰东，张敏，张劲菊. 2014. “千人计划”创业人才研究[J]. 科技进步与对策，31（23）：161-164.

魏浩，赵春明，申广祝. 2009. 全球人才跨国流动的动因、效应与中国的政策选择[J]. 世界经济与政治论坛，8（6）：19-26.
魏立才. 2019. 海外青年理工科人才回国流向及其影响因素研究[J]. 高等教育研究，40（6）：25-33.
魏立才，黄祎. 2020. 学术流动对回国青年理工科人才科研生产力的影响研究——基于 Web of Science 论文分析[J]. 高等工程教育研究，36（1）：67-73.
魏立才，赵炬明. 2014. “青年千人计划”政策考察与建议——基于对第一至五批“青年千人计划”入选者信息的分析[J]. 清华大学教育研究，35（5）：81-87.
吴晨阳. 2008. “海归”系列称谓来源及发展[J]. 文教资料，（9）：48-50.
吴慧，顾晓敏. 2017. 产学研合作创新绩效的社会网络分析[J]. 科学学研究，35（10）：1578-1586.
谢勇，陈念宁. 2013. 我国高等教育涉外引智工作的发展、问题与对策[J]. 自然辩证法研究，29（7）：67-72.
徐飞，陈仕伟. 2012. 中国杰出科学家年龄管理策略的新思考——从近十年（2001—2010）中国科学院新增院士与诺贝尔奖获得者年龄比较的反差谈起[J]. 科学学研究，30（7）：976-982.
徐飞，杨丽. 2009. 女性科学家科研产出之谜及原因初探[J]. 科学学研究，27（11）：1627-1633.
徐梦秋，欧阳锋. 2007. 科学界的奖励系统与越轨行为——默顿学派对默顿科学规范论的丰富和发展[J]. 科学技术与辩证法，24（2）：101-105.
许冠南，胡伟婕，周源，等. 2019. 全球新兴制造网络知识流动影响要素及演化[J]. 科学学研究，37（12）：2194-2202.
许泽想，梅丽霞. 2013. 社会资本：一个基于多元视角的理论综述[R]. 第十二届产业集群与区域发展国际学术会议. 武汉.
薛澜，陈玲. 2005. 中国公共政策过程的研究：西方学者的视角及其启示[J]. 中国行政管理，（7）：99-103.
杨芳娟. 2016. 中国高端科技人才跨国流动模式及影响研究[D]. 北京理工大学博士学位论文.
杨芳娟，刘云. 2016. 青年高层次人才引进特征与质量分析[J]. 科研管理，37（4）：238-246.
杨丽，徐飞. 2008. 中国科学院女性院士特征状况计量分析[J]. 科学学研究，26（5）：942-947.
杨栖鹏. 2002. 统计应加强生存分析的教学与研究[J]. 山西财经大学学报（高等教育版），（4）：59，68.
叶甜甜. 2016. “985”高校“千人计划”入选者学术发展力的计量研究[D]. 吉林大学硕士学位论文.
余广源，范子英. 2017. “海归”教师与中国经济学科的“双一流”建设[J]. 财经研究，43（6）：

52-65.
张非非. 2010. 同行评议中性别歧视问题研究综述[J]. 自然辩证法研究，26（2）：68-72.
张瑾. 2014. 我国吸引和有效发挥高端人才作用的对策研究[M]. 北京：经济管理出版社.
张世伟，赵亮. 2009. 农村劳动力流动的影响因素分析——基于生存分析的视角[J]. 中国人口·资源与环境，19（4）：101-106.
张松涛，关忠诚. 2015. 科技人才的教育经历研究——以中国科学院杰出青年为例[J]. 中国科技论坛，（12）：132-137.
赵红州. 1979. 关于科学家社会年龄问题的研究[J]. 自然辩证法通讯，（4）：29-44.
赵俊芳，叶甜甜. 2014. "千人计划"入选者学术发展力的计量学研究——基于"985 工程"高校前五批入选者[J]. 中国高教研究，（11）：43-48.
赵吝加，黄园浙. 2018. "千人计划"实施情况研究——基于 378 位"千人"专家的问卷调查[J]. 科协论坛，（6）：32-27.
赵蓉英，温芳芳. 2011. 科研合作与知识交流[J]. 图书情报工作，55（20）：6-10，27.
赵卫华. 2010. 海归博士与本土博士职业成就比较——基于全国博士质量调查的统计分析[J]. 中国高教研究，（11）：47-50.
赵延东，马缨，廖苗. 2016. 国家自然科学基金支持女性科学家成长发展的政策及其效果[J]. 中国科学基金，30（5）：403-409.
赵振宇. 2014-11-26. 中科院"百人计划"20 年成效显著[N]. 中国组织人事报.
郑巧一. 2015. 我国海外高层次人才计划实施效果评价——基于中组部"千人计划"的个体状况[D]. 上海交通大学硕士学位论文.
郑文力. 2005. 论势差效应与科技人才流动机制[J]. 科学学与科学技术管理，26（2）：112-116.
郑永彪，高洁玉，许睢宁. 2013. 世界主要发达国家吸引海外人才的政策及启示[J]. 科学学研究，31（2）：223- 231.
中国科协调研宣传部，中国科协创新战略研究院. 2020. 中国科技人力资源发展研究报告（2018）——科技人力资源的总量、结构与科研人员流动[M]. 北京：清华大学出版社.
中央组织部人才工作局. 2011. "千人计划"实施状况问卷调查综述[J]. 中国人才，（19）：16-18.
周华，韩伯棠. 2009. 基于技术距离的知识溢出模型应用研究[J]. 科学学与科学技术管理，（7）：111-116.
周黎安，陈烨. 2005. 中国农村税费改革的政策效果：基于双重差分模型的估计[J]. 经济研究，（8）：44-53.
周雨露. 2015. 浙江省"千人计划"政策评估研究[D]. 浙江大学硕士学位论文.
朱军文，李奕赢. 2016. 国外科技人才国际流动问题研究演进[J]. 科学学研究，34（5）：697-703.

朱敏，许家云. 2013. 海外人才回流与 FDI 技术溢出——地区差异及影响因素的实证分析[J]. 科学学研究，31（11）：1663-1670.

邹宜斌. 2005. 社会资本：理论与实证研究文献综述[J]. 经济评论，（6）：120-125.

Ackers L. 2005. Moving people and knowledge：scientific mobility in the European Union[J]. International Migration，43（5）：99-131.

Adams，Jr. R H. 2003. International migration，remittances and the brain drain：a study of 24 labor-exporting countries[R]. World Bank Policy Research Working Paper 3069，World Bank，Washington，DC，June.

Alberts H C，Hazem H D. 2005. "There are always two voices…"：international students' intentions to stay in the United States or return to their home countries[J]. International Migration，43（3）：131-154.

Anderson J E. 2011. The gravity model[J]. Annual Review in Economics，3（1）：133-160.

Aoki M. 1996. Towards a comparative institutional analysis：motivations and some tentative theorizing[J]. The Japanese Economic Review，47（1）：1-19.

Arrow K J. 1962. The economic implications of learning by doing[J]. The Review of Economic Studies，29（3）：155-173.

Barnes J A. 1969. Graph theory and social networks：a technical comment on connectedness and connectivity[J]. Sociology，3（2）：215-232.

Baruffaldi S H，Landoni P. 2012. Return mobility and scientific productivity of researchers working abroad：the role of home country linkages[J]. Research Policy，41（9）：1655-1665.

Baudassé T，Bazillier R. 2014. Gender inequality and emigration：push factor or selection process？[J]. International Economics，139：19-47.

Bavelas A. 1950. Communication patterns in task-oriented groups[J]. The Journal of the Acoustical Society of America，22（6）：725-730.

Becker G S. 1964. Human Capital[M] . New York：Columbia University Press.

Beine M，Bertoli S，Moraga J. 2016. A practitioners' guide to gravity models of international migration[J]. The World Economy，39（4）：496-512.

Beine M，Docquier F，Rapoport H. 2008. Brain drain and human capital formation in developing countries：winners and losers[J]. The Economic Journal，118（528）：631-652.

Bhagat R，Kedia B，Harveston P，et al. 2002. Cultural variations in the cross-border transfer of organizational knowledge：an integrative framework[J]. Academy of Management Review，27（2）：204-221.

Blaug M. 1976. The empirical status of human capital theory：a slightly jaundiced survey[J]. Journal of Economic Literature，14（3）：827-855.

Bogue D J. 1952. A Methodological Study of Migration and Labor Mobility in Michigan and Ohio in

1947[M]. Oxford：Scripps Foundation，Miami University.

Bott E. 1956. Urban families：the norms of conjugal roles[J]. Human Relations，9（3）：325-342.

Bourdieu P. 1986. The forms of capital[C]//Richardson J. Handbook of Theory and Research for the Sociology of Education. New York：Greenwood Press：241-258.

Burt R S. 2009. Structural Holes：The Social Structure of Competition[M]. Cambridge：Harvard University Press.

Cañibano C，Otamendi J，Andújar I. 2008. Measuring and assessing researcher mobility from CV analysis：the case of the Ramon y Cajal programme in Spain. Research Evaluation，17（1）：17-31.

Cao C. 1997. Chinese Scientific Elite：A Test of the Universalism of Scientific Elite Formation[M]. Columbia：Columbia University.

Cao C. 2008. China's brain drain at the high end：why government policies have failed to attract first-rate academics to return[J]. Asian Population Studies，4（3）：332-345.

Cao C，Suttmeier P R. 2001. China's new scientific elite：distinguished young scientists，the research environment and hopes for Chinese science[J]. The China Quarterly，1（168）：960-984.

Card D，Krueger A B. 1994. Minimum wages and employment：a case study of the fast food industry in New Jersey and Pennsylvania[J]. America Economic Review，84（4）：772-793.

Cervantes M，Guellec D. 2002. The brain drain：old myths，new realities[J]. The OECD Observer，（230）：40-42.

Chen Y C. 2008. The limits of brain circulation：Chinese returnees and technological development in Beijing[J]. Pacific Affairs，81（2）：195-215.

Chompalov I，Genuth J，Shrum W. 2002. The organization of scientific collaborations[J]. Research Policy，31（5）：749-767.

Clauset A，Arbesman S，Larremore D B. 2015. Systematic inequality and hierarchy in faculty hiring networks[J]. Science Advanced，1（1）：e1400005.

Coe N，Bunnell T. 2003. "Spatializing" knowledge communities：towards a conceptualization of transnational innovation networks[J]. Global Networks，3（4）：437-456.

Cole J R，Zuckerman H. 1984. The productivity puzzle：persistence and change in patterns of publication of men and women scientists[J]. Advances in Motivation and Achievement，2（2）：217-258.

Cole J R，Zuckerman H. 1987. Marriage，motherhood and research performance in science[J]. Scientific American，256（2）：119-125.

Coleman J S. 1988. Social capital in the creation of human capital[J]. The American Journal of Sociology，94：95-120.

Coleman J S. 1994. Foundations of Social Theory[M]. Columbia：Harvard University Press.

Commander S，Kangasniemi M，Winters L A. 2004. The brain drain：curse or boon? A survey of the literature[C]//Baldwin R E，Winters L A. Challenges to Globalization：Analyzing the Economics. Chicago：University of Chicago Press：235-278.

Dietz J S，Bozeman B. 2005. Academic careers，patents，and productivity：industry experience as scientific and technical human capital[J]. Research Policy，34（3）：349-367.

Docquier F，Mafouk A，Salomone S，et al. 2012. Are skilled women more migratory than skilled men?［J]. World Development，40（2）：251-265.

Dustmann C，Fadlon I，Weiss Y. 2011. Return migration，human capital accumulation and the brain drain[J]. Journal of Development Economics，95（1）：58-67.

Eissa N，Liebman J B. 1996. Labor supply response to the earned income tax credit[J]. The Quarterly Journal of Economics，111（2）：605-637.

Fleischhauer K. 2007. A review of human cpital theory：microeconomics[R]. University of St. Gallen，Department of Economics Discussion Paper，No. 2007-01.

Florida R. 2007. The Flight of the Creative Class：The New Global Competition for Talent[M]. New York：Harper Collins.

Foray D. 2004. Economics of Knowledge[M]. Cambridge：MIT Press.

Forslid R，Ottaviano G I P. 2003. An analytically solvable core-periphery model[J]. Journal of Economic Geography，3（3）：229-240.

Franzoni C，Scellato G，Stephan P. 2014. The mover’s advantage：the superior performance of migrant scientists[J]. Economics Letters，122（1）：89-93.

Fukuyama F. 1995. Trust：The Social Virtues and the Creation of Prosperity[M]. New York：Free Press.

Furukawa T，Shirakawa N，Okuwada K，et al. 2012. International mobility of researchers in robotics，computer vision and electron devices：a quantitative and comparative analysis[J]. Scientometrics，91（1）：185-202.

Gaulé P. 2014. Who comes back and when? Return migration decisions of academic scientists[J]. Economics Letters，124（3）：461-464.

Gibson J，McKenzie D. 2014. Scientific mobility and knowledge networks in high emigration countries：evidence from the Pacific[J]. Research Policy，43（9）：1486-1495.

Gonzalez-Brambila C N，Veloso F M，Krackhardt D. 2013. The impact of network embeddedness on research output[J]. Research Policy，42（9）：1555-1567.

Granovetter M. 1985. Economic action and social structure：the problem of embeddedness[J]. American Journal of Sociology，91（3）：481-510.

Guan J C，Gao X. 2009. Exploring the h-index at patent level [J]. Journal of the Association for

Information Science and Technology，60（1）：35-40.

Hanifan L J. 1916. The rural school community center [J]. The Annals of the American Academy of Political and Social Science，67（1）：130-138.

Hoang H，Rothaermel F T. 2005. The effect of general and partner-specific alliance experience on joint R&D project performance[J]. Academy of Management Journal，48（2）：332-345.

Hunter R S，Oswald A J，Charlton B G. 2009. The elite bain drain[J]. The Economic Journal，119（538）：231-251.

Irani R M，Oesch D. 2013. Monitoring and corporate disclosure：evidence from a natural experiment[J]. Journal of Financial Economics，109（2）：398-418.

Jonkers K，Cruz-Castro L. 2013. Research upon return：the effect of international mobility on scientific ties，production and impact[J]. Research Policy，42（8）：1366-1377.

Jonkers K，Tijssen R. 2008. Chinese researchers returning home：impacts of international mobility on research collaboration and scientific productivity[J]. Scientometrics，77（2）：309-333.

Jöns H. 2009. “Brain circulation” and transnational knowledge networks：studying long-term effects of academic mobility to Germany，1954-2000[J]. Global Networks，9（3）：315-338.

Kauffman R J，Wang B. 2008. Tuning into the digital channel：evaluating business model characteristics for Internet firm survival[J]. Information Technology and Management，9（3）：215-232.

Kelchtermans S，Veugelers R. 2013. Top research productivity and its persistence：gender as a double-edged sword[J]. The Review of Economics and Statistics，95（1）：273-285.

Kenney M，Breznitz D，Murphree M. 2013. Coming back home after the sun rises：returnee entrepreneurs and growth of high tech industries[J]. Research Policy，42（2）：391-407.

King R. 2002. Towards a new map of European migration[J]. International Journal of Population Geography，8（2）：89-106.

Knoben J，Oelremans L A G. 2006. Proximity and inter-organizational collaboration：a literature review[J]. International Journal of Management Review，8（2）：71-89.

Koka B，Prescott J. 2008. Designing alliance networks：the influence of network position，environmental change，and strategy on firm performance[J]. Strategic Management Journal，29（6）：639-661.

Krugman P. 1991. Increasing returns and economic geography[J]. Journal of Political Economy，99（3）：483-499.

Lawson C，Shibayama S. 2013.Temporary mobility-a policy for academic career development[R]. Department of Economics and Statistics Cognetti de Martiis. Working Papers.

Le T. 2008. “Brain drain” or “brain circulation”：evidence from OECD’s international migration and R&D spillovers[J]. Scottish Journal of Political Economy，55（5）：618-636.

Lee E S. 1966. A theory of migration[J]. Demography，3（1）：47-57.

Lepori B，Prpbst C. 2009. Using curricula vitae for mapping scientific fields：a small-scale experience for Swiss communication sciences[J]. Research Evaluation，18（2）：125-134.

Lévi-Strauss C. 1963. Structural Anthropology[M]. Trans. Jacobson C，Schoepf B. New York：Basic Books.

Li E Y，Liao C H，Yen H R. 2013. Co-authorship networks and research impact：a social capital perspective[J]. Research Policy，42（9）：1515-1530.

Li F，Miao Y J，Yang C C. 2015. How do alumni faculty behave in research collaboration? An analysis of Chang Jiang Scholars in China[J]. Research Policy，44（2）：438-450.

Lucas R E. 1988. On the mechanics of economic development[J]. Journal of Monetary Economics，22（1）：3-42.

Lundh E. 2011. Assessing the impact of China's Thousand Talents Program on life sciences innovation[J]. Nature Biotechnology，29（6）：547-548.

Lynton N，Beechler S. 2012. Using Chinese managerial values to win the war for talent[J]. Asia Pacific Business Review，18（4）：567-585.

Mael F，Ashforth B E. 1992. Alumni and their alma mater：a partial test of the reformulated model of organizational identification[J]. Journal of Organizational Behavior，13（2）：103-123.

Mahler S J，Pessar P R. 2001. Gendered geographies of power：analyzing gender across transnational spaces[J]. Identities：Global Studies in Culture and Power，7（4）：441-459.

Mahler S J，Pessar P R. 2006. Gender matters：ethnographers bring gender from the periphery toward the core of migration studies[J]. International Migration Review，40（1）：27-67.

Mahroum S. 2000. Highly skilled globetrotters：mapping the international migration of human capital[J]. R&D Management，30（1）：23-32.

Maier G，Kurka B，Trippl M. 2011. Knowledge spillover agents and regional development：spatial distribution and mobility of star scientists[C]//Nijkamp P，Siedschlag I. Innovation，Growth and Competitiveness. Berlin：Heidelberg：91-112.

McCormick B，Wahba J. 2003. Return international migration and geographical inequality：the case of Egypt[J]. Journal of African Economies，12（4）：500-532.

Meyer J B. 2001. Network approach versus brain drain：lessons from the diaspora[J]. International Migration，39（5）：91-110.

Michaels E，Handfield-Jones H，Axelrod B. 2001. The War for Talent[M]. Cambridge：Harvard Business Press.

Moreno J L，Test I S. 1933. Psychological and social organization of groups in the community[J]. American Association on Mental Deficiency，（38）：224-242.

Mullings B. 2011. Diaspora strategies，skilled migrants and human capital enhancement in

Jamaica[J]. Global Networks，11（1）：24-42.

Nakata Y，Zhang X Y. 2012. A survival analysis of patent examination requests by Japanese electrical and electronic manufacturers[J]. Economics of Innovation and New Technology，21（1）：31-54.

Nahapiet J，Ghoshal S. 1998. Social capital，intellectual capital，and the organizational advantage[J]. Academy of Management Review，23（2）：242-266.

Nohria N. 1992. Is Network Perspective a Useful Way of Studying Organizations? Networks and Organizations：Structure，Form and Action[M]. Boston：Harvard Business School Press.

OECD. 2002. International mobility of the highly skilled[EB/OL]. https://dx.doi.org/10.1787/9789264196087-en [2020-9-11].

OECD. 2008. The global competition for talent：mobility of the highly skilled[EB/OL]. http://www.oecd.org/sti/inno/theglobalcompetitionfortalentmobilityofthehighlyskilled.htm[2020-9-11].

Parmar I. 2002. American foundations and the development of international knowledge networks[J]. Global Networks，2（1）：13-30.

Pessar R P，Mahler J S. 2003. Transnational migration：bringing gender in[J]. International Migration Review，37（3）：812-846.

Portes A. 1995. Economic Sociology and the Sociology of Immigration：A Conceptual Overview in the Economic Sociology of Immigration[M]. New York：Russell Sage Foundation.

Poyhonen P. 1963. A tentative model of the volume of trade between countries[J]. Weltwirtschaftliches Archiv，90：93-99.

Putnam R D. 1993. Bowling Alone：the Collapse and Revival of American Community[M]. New York：Simon &Schuster.

Radcliffe-Brown A R. 1940. On social structure[J]. The Journal of the Royal Anthropological Institute of Great Britain and Ireland，70（1）：1-12.

Ravenstein E G. 1885. The laws of migration[J]. Journal of the Statistical Society of London，48（2）：167-235.

Richard V N. 2012. Global mobility：science on the move[J]. Nature，490（7420）：326-329.

Rindoks A. 2010. The international mobility of talent：types，causes and development impact[J]. Journal of Ethnic and Migration Studies，36（4）：709-710.

Roach M，Sauermann H. 2010. A taste for science? PhD scientists' academic orientation and self-selection into research careers in industry[J]. Research Policy，39（3）：422-434.

Romer P M. 1986. Increasing returns and long-run growth[J]. Journal of Political Economy，94（5）：1002-1037.

Romer P M. 1990. Endogenous technological change[J]. Journal of Political Economy，98（5）：71-102.

Rost K. 2011. The strength of strong ties in the creation of innovation[J]. Research Policy，40（4）：588-604.

Saxenian A L. 2005. From brain drain to brain circulation：transnational communities and regional upgrading in India and China[J]. Studies in Comparative International Development，40（2）：35-61.

Scellato G，Franzoni C，Stephan P. 2015. Migrant scientists and international networks[J]. Research Policy，44（1）：108-120.

Schultz T W. 1961. Investment in human capital[J]. The American Economic Review，51（3）：1-17.

Shapiro C，Stiglitz J E. 1984. Equilibrium unemployment as a worker discipline device[J]. The American Economic Review，74（3）：433-444.

Smith B T. 1973. The policy implementation process[J]. Policy Sciences，4：197-209.

Stark O. 2004. Rethinking the brain drain[J]. World Development，32（1）：15-22.

Stark O，Helmenstein C，Prskawetz A. 1997. A brain gain with a brain drain[J]. Economics Letters，55（2）：227-234.

Stark O，Helmenstein C，Prskawetz A. 1998. Human capital depletion，human capital formation，and migration：a blessing or a “curse”？[J]. Economics Letters，60（3）：363-367.

Stone D，Maxwell S. 2005. Global Knowledge Networks and International Development：Bridges Across Boundaries[M]. New York：Routledge Press.

Sun Y T，Grimes S. 2017. The actors and relations in evolving networks：the determinants of inter-regional technology transaction in China[J]. Technological Forecasting and Social Change，125（12）：125-136.

The Royal Society. 2011. Knowledge，Networks and Nations：Global Scientific Collaboration in the 21st Century[M]. London：The Royal Society.

Thorn K，Holm-Nielsen L B. 2006. International mobility of researchers and scientists：policy options for turning a drain into a gain[R]. UNU World Institute for Development Economics Research.

Tian F M. 2013. Skilled flows and selectivity of Chinese scientists at global leading universities between 1998 and 2006[J]. Journal of Science and Technology Policy in China，4（2）：99-118.

Tinbergen J. 1962. Shaping the World Economy：An Analysis of World Trade Flows[M]. New York：Twentieth Century Fund.

Tranos E，Gheasi M，Nijkamp P. 2015. International migration：a global complex network[J]. Environment and Planning B：Planning and Design，42（1）：4-22.

Ulrich D. 2008. The talent trifecta[J]. Development and Learning in Organizations：An International

Journal，22（2）：43.

van Heeringen A，Dijkwel P. 1987. The relationships between age，mobility and scientific productivity. Part Ⅰ：Effect of mobility on productivity[J]. Scientometrics，11（5/6）：267-280.

Velema T A. 2012. The contingent nature of brain gain and brain circulation：their foreign context and the impact of return scientists on the scientific community in their country of origin[J]. Scientometrics，93（3）：893-913.

Wagner C S. 2005. Six case studies of international collaboration in science[J]. Scientometrics，62（1）：3-26.

Wang X W，Mao W L，Wang C L，et al. 2013b. Chinese elite brain drain to USA：an investigation of 100 United States national universities[J]. Scientometrics，97（1）：37-46.

Wang X W，Xu S M，Wang Z，et al. 2013a. International scientific collaboration of China：collaborating countries，institutions and individuals[J]. Scientometrics，95（3）：885-894.

Wang Y C. 1966. Chinese Intellectuals and the West，1872-1949[M]. Carolina：University of North Carolina Press.

Warner M. 1999. Social capital construction and the role of the local state[J]. Rural Sociology，64（3）：373-393.

Weinberg B A. 2011. Developing science：scientific performance and brain drains in the developing world[J]. Journal of Development Economics，95（1）：95-104.

Woerter M. 2012. Technology proximity between firms and universities and technology transfer[J]. The Journal of Technology Transfer，37（6）：828-866.

Woolley R，Turpin T. 2009. CV analysis as a complementary methodological approach：investigating the mobility of Australian scientists[J]. Research Evaluation，18（2）：143-151.

Xie Q N，Freeman B R. 2020. The contribution of Chinese diaspora researchers to scientific publications and China's "great leap forward" in global science[R]. NBER Working Paper，No. 27169.

Xie Y，Giles D E. 2011. A survival analysis of the approval of US patent applications[J]. Applied Economics，43（11）：1375-1384.

Xin H. 2011. High-priced recruiting of talent abroad raises hackles[J]. Science，331（6019）：834-835.

Yang L L，Marini G. 2019. Research productivity of "Chinese Young Thousand Talents" [J]. International Higher Education，97（1）：17-18.

Ye W L. 2001. Seeking modernity in China's name：Chinese students in the United States，1900-1927[M]. Palo Alto：Stanford University Press.

Zeithammer R，Kellogg P R. 2013. The hesitant Hai Gui：return-migration preferences of

U.S.-educated Chinese scientists and engineers[J]. Journal of Marketing Research，50（5）：644-663.

Zweig D. 2006. Competing for talent：China’s strategies to reverse the brain drain[J]. International Labour Review，145（1/2）：65-90.

Zweig D，Wang H Y. 2013. Can China bring back the best? The Communist Party organizes China’s search for talent[J]. The China Quarterly，215（9）：590-615.